CU00927685

PINTURAS
Y ACABADOS PARA
LA DECORACION

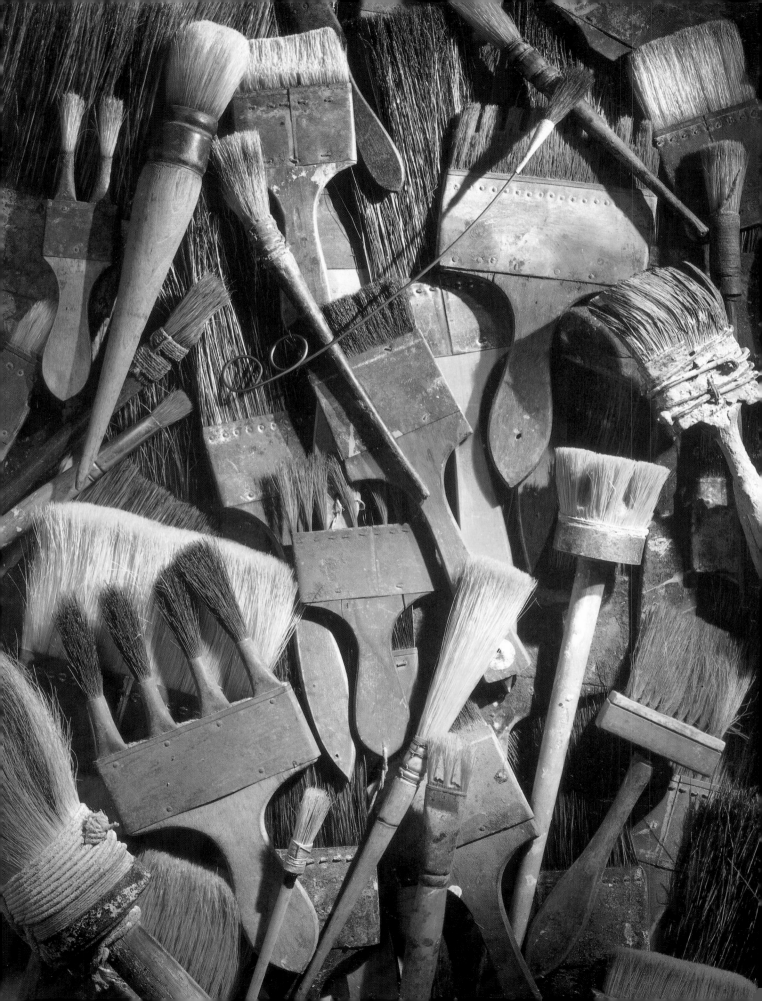

ANNIE SLOAN Y KATE GWYNN

PINTURAS
Y ACABADOS PARA
LA DECORACION

Cómo utilizar los materiales naturales
y las técnicas tradicionales
en la decoración de hoy en día

libros
cúpula

CONTENIDO

INTRODUCCIÓN 6

Guía de pintura y materiales

Médiums y diluyentes 16

Pinturas al aceite 18

Pinturas al agua 20

Pinturas de artista 22

Ceras y tintes para madera 24

Barnices, gomas y resinas 26

Pinceles, brochas y cepillos 28

Preparación 32

Mezclas de pintura 34

Guía de colores

Pigmentos de tierra 40

Pigmentos minerales 42

Pigmentos vegetales 44

Paleta internacional 46

Mezclas de color 54

Técnicas del pintor de interiores

Yeso 62

Cola y pegamento 66

Pintura sencilla 68

Pintura sencilla al aceite 70

Encalado 72

Lechada 78

Esmaltes 82

Pinturas de caseína 84

Título original: *Traditional Paints and Finishes*
Traducción: M.ª Eugenia Tusquets
© Collins & Brown Limited

© Grupo Editorial Ceac, S.A., 1994
Para la presente versión y edición en lengua castellana
Libros Cúpula es marca registrada por Grupo Editorial Ceac, S.A.
ISBN: 84-329-1340-5
Impreso en Italia
Grupo Editorial Ceac, S.A. Perú, 164 - 08020 Barcelona

No se permite la reproducción total o parcial de este libro, ni el registro en un sistema informático,
ni la transmisión bajo cualquier forma o a través de cualquier medio, ya sea electrónico, mecánico, por fotocopia,
por grabación o por otros métodos, sin el permiso previo y por escrito de los titulares del *copyright*.

Técnicas del pintor de muebles

Gesso 90

Dorado al aceite 94

Polvo de bronce 104

Trazado de líneas 108

Découpage 110

Lacado 114

Tintes para madera 116

Barnices 118

Tratamiento con cal 120

Técnicas del artista

Fresco 126

Pintar a la cola 132

Pátinas para pared 136

Técnicas del restaurador

Envejecimiento y desgaste 142

Barniz cuarteado 146

Pintura desconchada 148

Verdete 150

PROVEEDORES 152

INDICE 154

AGRADECIMIENTOS Y RECONOCIMIENTOS 159

Introducción

Hemos escrito este libro llevadas por el creciente interés en torno a los pigmentos y materiales naturales, y a todas las técnicas resurgidas, que engloba la tendencia de la moda en relación a la decoración actual del hogar. Este interés empezó hace quince años, cuando algunos barnices al aceite y algunos acabados de pintura fueron reintroducidos en el mercado. Se inició entonces una pasión por el aprendizaje de las técnicas tradicionales, como el pintado a esponja y a muñeca, y los acabados de imitación mármol, madera, etc., utilizados en Europa por primera vez en el siglo XVII.

El tiempo ha demostrado también que las pinturas y otros acabados hechos con ingredientes en su estado natural crean colores más suaves y sutiles, y producen efectos más agradecidos que las pinturas corrientes, plásticas, fabricadas comercialmente. La moda de las pinturas clásicas se ha extendido a campos más especializados —aquellos del artista, ebanista, dorador y restaurador—, quienes han visto en estos barnices y acabados naturales una nueva fuente de inspiración para sus propias creaciones decorativas. Estos artistas y artesanos han explorado y reintroducido aún más técnicas y materiales clásicos. Las artes del decapado, del lacado e incluso del fresco se han revitalizado, y el uso de la cola, de viejos barnices y ceras se ha renovado. Hemos consultado antiguos manuales de decoración, anotado las conversaciones con los expertos en artesanía tradicional y conservado las genuinas muestras de las técnicas clásicas, que nos sirven ahora de referencia.

Esta mirada hacia el pasado no es simplemente el resultado de un sentimiento de nostalgia, sino una reacción al estilo moderno de pintura, tan neutro y uniforme. Aunque fáciles de aplicar, las pinturas modernas tienen todas un aire similar ya que son pinturas plásticas, o sea, basadas en polímero, acetatos de vinilo y acrílicos. Se encuentran en una increíble variedad de colores, pero los pigmentos utilizados para su fabricación están tan estandarizados y tan finamente molidos que sus tonalidades son opacas y faltas de originalidad.

Las pinturas y acabados clásicos, por otro lado, ofrecen una remozada variación de texturas: desde la mate y ligeramente desigual calidad del encalado, de la cola o del fresco, hasta el brillo de los barnices de resina y las lacas. Los pigmentos utilizados para dar color a las pinturas están menos molidos y no completamente amalgamados con el material de base, de manera que cuando se aplican, el color sale más fuerte en algunas áreas que en otras, creando una superficie espléndida, única y artesanal.

Las pinturas tradicionales tienen asimismo la ventaja de ser compatibles con el medio ambiente. A diferencia de las pinturas plásticas modernas, no dependen de la industria química para su fabricación. La mayoría de sus ingredientes provienen de plantas u otros productos naturales como pigmentos de tierra, y están en perfecta armonía con el medio ambiente. Las auténticas pinturas, como por ejemplo el encalado, se absorben en la superficie donde se aplican y permiten así que las paredes «respiren». A diferencia de las pinturas plásticas modernas, con las tradicionales la humedad no queda atrapada por un velo de plástico.

Nuestro primer capítulo, *Guía de pinturas y materiales*, introduce las materias primas para elaborar pinturas, los diferentes tipos de pintura y acaba-

Se puede dar mucho realce a un diseño sencillo, utilizando con gran variedad de colores para contrastar y añadir matices (izquierda). Primero, Annie Sloan hizo el dibujo con un lápiz suave de plomo en una superficie sobre la que previamente había aplicado una ligera capa de un blanco roto y frotado unos pigmentos de tierra. Después de ello, destacó áreas concretas del dibujo con una pintura blanca (abajo).

Con las yemas de los dedos, Annie le dio los toques finales al dibujo (arriba). *Se pueden lograr más matices borrando con una goma algunas áreas.*

dos que existen, y los utensilios que se necesita para su aplicación. Hoy en día, se encuentra en el mercado una amplia gama de pinturas, en droguerías, en tiendas de artículos para artistas y en empresas especializadas en pigmentos naturales. Algunas pueden también elaborarse en casa a partir de sus ingredientes básicos. La manera en que se aplica la pintura a una superficie es, desde luego, esencial para el efecto final. Para cada tipo de trabajo, hay materiales y utensilios específicos con los que preparar la superficie y aplicar la pintura y el acabado. Por primera vez, nuestro libro le dice qué pinturas puede comprar, cómo obtenerlas y cómo utilizarlas.

Lo primero que salta a la vista en una pintura es su color. La *Guía de colores* incluye información histórica y práctica sobre los diferentes pigmentos disponibles. Revisa la esplendorosa variedad de colores y tipos de pintura que pueden hallarse en las distintas partes del mundo, y aconseja sobre la manera de mezclar cada color para lograr el resultado apetecido.

Las técnicas, tanto para la elaboración como para la utilización de pinturas clásicas y otros acabados, han sido divididas en cuatro extensas categorías incluidas en los restantes capítulos del libro: *Técnicas del pintor de interiores, Técnicas del pintor de muebles, Técnicas del artista* y *Técnicas del restaurador*. En cada una de ellas ha habido siempre dos niveles, tanto en la elaboración como en la aplicación, de pintura y acabados. El nivel básico es el de la gente sencilla del campo, que utilizaba cualquier material local a su disposición para proteger y decorar su casa. El nivel más sofisticado es el de los artistas y decoradores altamente calificados, que utilizaban una gama mucho más amplia de materiales y trabajaban por encargo de la gente acomodada. Este libro explica ambos niveles, el primitivo y el sofisticado, y los efectos singulares que con cada uno se consiguen.

En el caso de pintura para la casa, la gente del campo ha cubierto tradicionalmente sus paredes con encalado u otras pinturas simples hechas a base de leche o cola. El resultado puede ser un acabado delicado y uniforme, o vibrante y desigual, según su aplicación. Estas pinturas sencillas envejecen bien, y son estéticamente agradables y apropiadas según los ecologistas.

A un nivel más profesional, los artistas y decoradores molían trozos de pigmento seco en un mortero o molinillo mecánico y, luego, como el alquimista medieval, elaboraban sus pinturas con una extensa gama de materiales. Entre otros utilizaban: resinas (de árbol), colas naturales, tiza, huevo, harina, leche y una gran variedad de aceites, como el de nueces, el de semillas de adormidera y el de linaza. Aquí revisaremos cada una de estas técnicas, desde los simples recubrimientos, barnizados y encalados hasta la elaboración de las pinturas de caseína o cola.

A continuación, revisaremos las *Técnicas del pintor de muebles*. El período cumbre en la decoración de muebles fue en el siglo XVIII, cuando los artesanos profesionales utilizaban una gran variedad de técnicas, como el dorado, el lacado y el découpage, para embellecer los muebles de las grandes casas de la época. Muchas de las técnicas se originaban en el Este y llegaban a Occidente, a través de Italia y Flandes. A menudo, se incluía el uso de materiales exóticos como polvos de bronce, láminas de metal, lacas y numerosas resinas para barnizar. Todo ello lo recogemos en este libro.

A un nivel más simple, existía y siguen existiendo una gran diversidad de muebles rústicos pintados, con tendencia a los motivos estilizados. Imitan con frecuencia el diseño de los muebles más refinados de las grandes casas, pero con productos y técnicas más simples, como el estarcido, los tintes para madera y el encalado. Todas estas técnicas se pueden llevar a cabo en casa.

Las *Técnicas del artista* son en algunos aspectos las más difíciles de catalogar, porque el artista desarrollaba tareas muy próximas a las del pintor de paredes, el pintor de muebles o el restaurador. En el pasado, había muchos artistas que eran básicamente buenos dibujantes y coloristas y cuyo trabajo era pintar paisajes y escenas sobre yeso, paneles de muros o muebles. Algunos eran pintores comerciales (a jornada completa), mientras que otros aceptaban este tipo de encargos para suplementar los ingresos ganados con sus cuadros.

Este capítulo incluye técnicas clásicas como el fresco, la pintura a la cola

Se pueden conseguir efectos realmente espectaculares combinando distintas técnicas de acabados sobre el mismo objeto. Para decorar este obelisco, Kate Gwynn empleó ceras, láminas de metal y pigmentos.

y la pátina de paredes. Aunque normalmente requieren la habilidad de un artista, cuando se trata de un diseño complicado, si se simplifican pueden ser utilizadas por cualquiera.

Las *Técnicas del restaurador*, dedicadas a las imitaciones del carácter de los muebles antiguos, es nuestro último capítulo. El restaurador se preocupa más de crear la sensación de genuino o envejecido, que de utilizar una técnica clásica concreta. Particularmente durante estos últimos años, ha perdido vigencia la moda de las superficies nítidas y perfectas y ha surgido la de las superficies envejecidas y usadas. Las grietas y desconchados en la pintura, antes considerados defectos, se consideran ahora virtudes. Se han desarrollado técnicas que pueden crear estos efectos, como la del envejecimiento, el desconchado, el barniz cuarteado y el verdete, que pueden conferir a cualquier superficie una calidad añeja y noble.

Algunos materiales presentados en este libro son más fáciles de obtener que otros. El ingrediente esencial para hacer pintura es el pigmento o materia colorante, que se vende en algunas droguerías o en tiendas de material

Kate utilizó la técnica de dorado al aplicar las láminas de metal holandés sobre la base del obelisco (abajo). *Como toque final, añadió líneas al cuerpo con una pintura elaborada con pigmento rojo de Venecia* (derecha).

para artistas. Algunas pinturas pueden elaborarse con materiales caseros: la pintura simple de leche o el temple de huevo. Otros materiales, como el blanqueador o la masilla de yeso, pueden ser más difíciles de encontrar. Afortunadamente, el número de pequeñas empresas que se han hecho eco de la creciente demanda ha ido en aumento. No sólo suministran todos estos materiales esenciales, sino que además están fabricando pinturas y barnices especiales. Existen incluso réplicas de pinturas antiguas, que aunque fabricadas con métodos modernos, llevan en su composición pigmentos naturales y se parecen realmente a las pinturas de los siglos XVIII y XIX.

El reciente aumento del número de fabricantes especializados refleja la revolución que ha habido en estos últimos años en el campo de la pintura decorativa. Esperamos que nuestro libro aporte una mayor comprensión de las técnicas y materiales asociados a tal revolución. Esperamos, asimismo, que este libro inspire y, sobre todo, que permita que el lector se divierta probando técnicas. A medida que éste se vaya acostumbrando a emplear materiales desconocidos, para los diferentes acabados, se irá dando cuenta del sinfín de maravillosas posibilidades de recrear efectos clásicos e incluso inventar imágenes innovadoras y contemporáneas.

Annie Sloan
Kate Gwynn

Guía de pinturas y materiales

• Médiums y diluyentes • Pinturas al aceite •
• Pinturas al agua • Pinturas de artista •
• Ceras y tintes para madera •
• Barnices, gomas y resinas •
• Pinceles, brochas y cepillos • Preparación •
• Mezclas de pintura •

LA FINALIDAD de la pintura es proteger y conservar, pero a menudo se otorga más importancia a lo que tendría que ser secundario, que es su aspecto decorativo. La calidad de la pintura está en función del tiempo que mantiene su valor protector y estético. La durabilidad depende de la preparación y las condiciones de la superficie pintada, de la técnica en la aplicación de la pintura y de la calidad de la misma. Hay muchos tipos diferentes de pintura —muchísimos más de los que se cree— con acabados y texturas muy distintos. Además de las pinturas comerciales fácilmente accesibles, existen pequeños fabricantes que producen pinturas para un mercado especializado.

Para lograr una superficie bien acabada y duradera, hay que seguir unas cuantas reglas básicas en la aplicación de la pintura. Existen dos tipos de pintura: al aceite y al agua. El aceite y el agua no se mezclan, y tampoco las pinturas que se derivan de ellos. Es posible cubrir una pintura al agua con otra al aceite, pero no viceversa. Una pintura de látex o vinilo no se adhiere a una pintura brillante (al aceite), si no se lija antes la superficie. Antiguamente, a fin de conseguir un resultado suave y pulido, los pintores preparaban las superficies con abrasivos como la piedra pómez, una roca volcánica que todavía se utiliza, la piel de tiburón seca, y la planta llamada cola de caba-

Los metales (derecha) tienen una superficie particularmente lisa y algunos de ellos, como el hierro, son propensos a la oxidación. Por esto se han desarrollado pinturas especiales que protegen y se adhieren a la superficie del metal. La pintura para metal no se debe confundir con la pintura metálica, que se fabrica con metales diluidos en un medio de base. Antiguamente se pintaban los radiadores con pinturas metálicas, porque se las consideraba mejores conductores del calor. Hoy en día, aquéllos se pintan simplemente con pintura corriente de interiores.

llo. Las superficies porosas deben prepararse con una imprimación adecuada o con una capa de la pintura que vaya a emplearse rebajada.

En general, es mejor poner varias capas finas de pintura que una gruesa, particularmente en pinturas al aceite. Las pinturas aceitosas suelen pecar de gruesas. En general, la primera capa debe ser la más fina, y las siguientes pueden ir aumentando de grosor. La excepción es la pintura simple al aceite (véanse páginas 70-71), que debe aplicarse alternando una capa gruesa y una fina, de forma que la primera «alimente» a la segunda.

El sistema más común es empezar con una capa de imprimación, una capa de pintura base y otra de la pintura final. La capa de imprimación asegura una adhesión duradera a la superficie, la capa base cubre y prepara para la siguiente y la última confiere la textura y el acabado deseados. La corriente actual es fabricar pinturas comerciales que no requieran capas de

En el siglo XIX, el oficio de los pintores de paredes se tomaba muy en serio. Un aprendizaje podía durar hasta diecisiete años. Vemos aquí (derecha) una clase de estudiantes holandeses en 1898. La pluma y estos dos pinceles modernos, la brocha plana y el pincel difuminador de pelo de tejón (arriba), son muy parecidos a los instrumentos que cualquiera de estos estudiantes hubiera utilizado.

Recientemente, ha surgido un nuevo interés por los productos clásicos, en particular los derivados de plantas. Aquí (izquierda), se sangra un árbol de pino para obtener su resina aceitosa. La resina, a veces conocida como bálsamo, se destila para producir esencia de trementina y resina colofónea, un producto muy utilizado en barnices.

imprimación o primeras capas, convirtiendo así el trabajo de pintar en más simple y rápido para el decorador de interiores.

Sin embargo, los ingredientes de las capas de imprimación y de las primeras capas tradicionales tenían su finalidad. Las imprimaciones grises contenían grafito, y las blancas, óxido de zinc, ambos agentes impermeables.

Las modernas pinturas al aceite se fabrican con tres acabados distintos: brillante, satinado/semimate y mate. Originalmente, sólo había un tipo de pintura al aceite, fabricado con aceite secante y pigmento. Se usaba para paneles, puertas y carpintería, tal y como se utiliza la pintura al aceite en la actualidad. Se fabricaba con distintos aceites, más comúnmente el de linaza. Las primeras pinturas al agua se llamaban aguada o lechada/temple; el término «pintura» se reservaba exclusivamente para la elaborada al aceite. Las pinturas al agua se fabricaban con yeso en polvo, que actuaba como base, agua, y cola, que aglutinaba todos los ingredientes. El yeso finamente molido se solía llamar blanco de España, un término frecuente en los libros de contabilidad de antiguas empresas. Hoy en día, el yeso molido se llama blanqueador. La lechada/temple era una pintura barata, coloreada simplemente con pigmento.

En la actualidad, las pinturas al agua se venden como pinturas de látex o emulsiones de vinilo, y se encuentran en mate y en diversos grados de satinado. El acabado brillante de pintura al agua es una innovación reciente. Las pinturas modernas pueden llevar aditivos que la densifican y abaratan su producción. La base de muchas pinturas comerciales para interiores es el óxido de titanio, que tiene la ventaja de incrementar el brillo de la pintura porque refleja la luz. Otros aditivos evitan que la pintura se sedimente en el envase, frenan el crecimiento de bacterias y controlan la viscosidad. A veces, también se usan agentes es-

pesantes para producir pinturas «sólidas», *thixotrópicas* y pastosas, de látex/vinilo, que no gotean y que se venden en cubetas.

Además de pinturas baratas comerciales, los interioristas también utilizan pinturas desarrolladas, en principio, para artistas. En el pasado, el rol del pintor y el del decorador de interiores no estaban claramente diferenciados, y muchos de los materiales y utensilios eran comunes a ambos. Hoy en día, los materiales y las pinturas de artista se utilizan sólo para trabajos muy especializados y de calidad, porque son más delicados, más puros (y más caros) que los fabricados para la decoración.

El índice de descubrimientos científicos se ha disparado desde el siglo XVIII y ha tenido un impacto creciente en la elaboración de las pinturas. En los últimos cien años, esta industria ha cambiado espectacularmente. Hoy en día, los fabricantes están respondiendo a la demanda de los interioristas y produciendo pinturas de plástico de fácil uso. Aunque de diversa nomenclatura, la mayoría de ellas son muy similares.

Desde que se eliminó el plomo de las pinturas domésticas, éstas se han ido haciendo cada vez más sintéticas (la muestra azul, a la izquierda). En el pasado, este efecto tan brillante sólo se podía conseguir barnizando una pintura de plomo al aceite. Las pinturas de procedencia vegetal, como esta negra al aceite de linaza (a la izquierda) no han desaparecido por completo. Se las conoce como pinturas de dos botes: uno de pintura y otro de secante. El secante se debe aplicar inmediatamente antes de la pintura, de lo contrario se podría quebrar y agrietar.

En el pasado, los artistas tendían a especializarse en una disciplina en particular, por ejemplo el dorado, el lacado o el barnizado, y sólo utilizaban las herramientas y los materiales propios de su oficio. Actualmente, existe un mayor intercambio de técnicas y materiales. Aquí (abajo), el artista necesitaba una gran cantidad de pintura, y usó para mezclarla una cubeta para rodillo en vez de la paleta convencional.

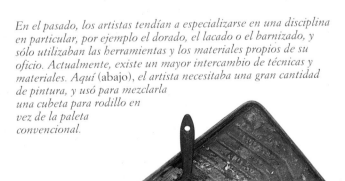

Médiums y diluyentes

L A PINTURA se compone principalmente de un agente colorante, un médium que la aglutina y un diluyente que la hace más manejable. A veces se le añaden otros componentes para espesarla, rebajarla o alterar su tiempo de secado. Estos componentes tienen la ventaja de variar la viscosidad de la pintura sin diluirla.

Los agentes diluyentes o disolventes que contiene la pintura sirven para hacerla más fluida y manejable. También se utilizan para limpiar los pinceles y demás utensilios. El disolvente que contenga la pintura, el tinte o el barniz, ya sea agua, aceite, aguarrás o alcohol, será el mismo a utilizar para limpiar los correspondientes materiales.

Cera de abeja
La cera (derecha) se utiliza como médium en un tipo de pintura llamada encáustica. Los pigmentos se mezclan en cera derretida y entonces se aplica la pintura con pinceles y otros utensilios.

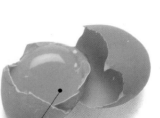

Aceite
El aceite (abajo) es el médium más importante de la pintura. Aunque se han utilizado muchos tipos de aceite, el más común es el de linaza.

Yema de huevo
Los pintores italianos de los siglos XIV y XV utilizaban la yema de huevo (arriba) como médium para la pintura al temple o témpera.

Cola animal
La cola es un apresto hecho con pieles y pezuñas de animales (arriba) y se utiliza desde los tiempos antiguos. Funciona perfectamente como producto aglutinante y sellador de pinturas.

Caseína
La caseína se deriva de los productos sólidos de leche desnatada, y se utiliza con cal para hacer pintura de leche o con huevo para hacer temple (o témpera).

Goma arábiga
La goma arábiga se utiliza como aglutinante para la pintura a la acuarela.

Cal
La cal (arriba) es importante en la historia de la pintura. La cal (óxido de calcio) proviene de calentar la piedra caliza. También se llama cal rápida, cal quemada o cal viva. Cal muerta es aquella a la que se le ha añadido agua.

Acrílico polivinílico
Este producto (arriba derecha) puede usarse como cola, sellador y aglutinante de pigmentos en la fabricación de pinturas.

Aglutinante de témpera caseína
Actualmente, la caseína se puede adquirir ya preparada (arriba).

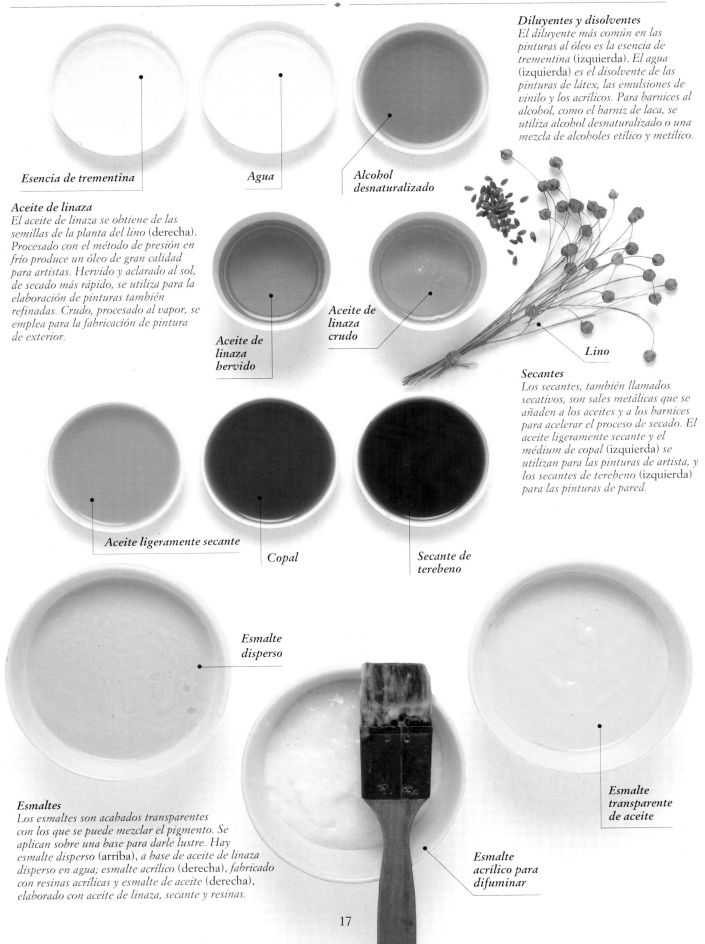

Diluyentes y disolventes
El diluyente más común en las pinturas al óleo es la esencia de trementina (izquierda). El agua (izquierda) es el disolvente de las pinturas de látex, las emulsiones de vinilo y los acrílicos. Para barnices al alcohol, como el barniz de laca, se utiliza alcohol desnaturalizado o una mezcla de alcoholes etílico y metílico.

Esencia de trementina

Agua

Alcohol desnaturalizado

Aceite de linaza
El aceite de linaza se obtiene de las semillas de la planta del lino (derecha). Procesado con el método de presión en frío produce un óleo de gran calidad para artistas. Hervido y aclarado al sol, de secado más rápido, se utiliza para la elaboración de pinturas también refinadas. Crudo, procesado al vapor, se emplea para la fabricación de pintura de exterior.

Aceite de linaza hervido

Aceite de linaza crudo

Lino

Secantes
Los secantes, también llamados secativos, son sales metálicas que se añaden a los aceites y a los barnices para acelerar el proceso de secado. El aceite ligeramente secante y el médium de copal (izquierda) se utilizan para las pinturas de artista, y los secantes de terebeno (izquierda) para las pinturas de pared.

Aceite ligeramente secante

Copal

Secante de terebeno

Esmalte disperso

Esmaltes
Los esmaltes son acabados transparentes con los que se puede mezclar el pigmento. Se aplican sobre una base para darle lustre. Hay esmalte disperso (arriba), a base de aceite de linaza disperso en agua; esmalte acrílico (derecha), fabricado con resinas acrílicas y esmalte de aceite (derecha), elaborado con aceite de linaza, secante y resinas.

Esmalte acrílico para difuminar

Esmalte transparente de aceite

Pinturas al aceite

LAS PINTURAS al aceite se utilizan principalmente para la carpintería, puertas y ventanas, y para los lugares que requieren limpieza frecuente, por ejemplo, cocinas y cuartos de baño. Las pinturas al aceite son siempre algo brillantes, a menos que se les añada un matizador. La más adecuada para paredes es la satinada.

Las pinturas al aceite tienen muchas ventajas respecto a las de agua. En particular, son más fuertes y duran más. La mayor desventaja es que cada capa tarda más en secarse y los pinceles no se pueden limpiar con agua. Los disolventes de las pinturas al aceite son aguarrás u otros derivados del petróleo, o esencia de trementina.

Las pinturas al aceite fueron inventadas para proteger maderas blandas como el pino que, a diferencia de las duras como el roble, se estropean con más facilidad sin una capa protectora.

La fórmula clásica de pintura al aceite es la mezcla de aceite de linaza crudo, pigmento y secantes. También se empleaban otros aceites, como por ejemplo los de semilla de adormidera o de nogal. Se añadía resina a la pintura para hacerla más brillante; supuestamente más atractiva y deseable.

Pintura de esmalte
Compuesta de barnices o de mezcla de barniz y aceite, este tipo de pintura (abajo) produce una superficie muy dura y brillante una vez seca. Cuando se empezó a fabricar en el siglo XIX, la base era de óxido de zinc. Con el uso de las máquinas, se podía obtener una pintura suave, moliendo sus componentes hasta que quedaran muy finos.

Pintura para metal
Esta pintura (izquierda) proporciona al metal una capa dura y protectora. Se fabrica con resinas, vidrio endurecido por el calor y pigmentos. Tiene un disolvente de secado rápido y en más o menos treinta minutos está seca al tacto. Requiere un disolvente especial para limpiar los pinceles.

Pintura de suelos
Esta pintura (arriba) es muy dura y resistente; contiene gran cantidad de barniz. Es resistente al agua y soporta mucho uso.

Pintura resistente al calor
Esta pintura (arriba) ha sido formulada especialmente para resistir el calor y los cambios de temperatura. En Estados Unidos se utilizan esmaltes o pinturas de suelo para este propósito.

Pintura Japón
Pintura Japón es un término coloquial utilizado para un pigmento mezclado con barniz o esmalte sin aceite (arriba). Es una pintura con mucho brillo que se puede utilizar para metal. Se creó en el siglo XIX en un intento de imitar la laca oriental.

Desde la antigüedad hasta principios del siglo xx, el plomo blanco era la base principal de las pinturas al aceite. Actualmente se utiliza el óxido de titanio, un pigmento denso y opaco. Aunque es altamente tóxico, el plomo produce una pintura muy resistente, que si se aplica correctamente puede durar más de 20 años. Las pinturas modernas se agrietan y desconchan; en cambio, las pinturas de plomo envejecen perfectamente. A medida que se seca, el aceite de linaza cambia el color, lo que confiere a la superficie pintada una pátina —de apariencia algo calcárea— que la distingue de cualquier pintura moderna. Las primeras pinturas al aceite eran desiguales tanto en color como en brillo y a menudo, los pigmentos estaban toscamente molidos: no tenían la uniformidad de las pinturas modernas.

Pinturas para exterior
La mayoría de las pinturas para exterior (derecha) son al aceite, ya que éste proporciona la mejor protección contra los elementos. El constante desarrollo de la industria de la pintura hace prever la aparición de pinturas al agua igualmente duraderas.

Pintura de dos botes
Ésta (abajo) es una pintura natural y antigua basada en aceite de linaza. Se adquiere en dos botes, uno con la pintura y el otro con un secante, normalmente, bálsamo de terebeno de origen vegetal. Se aplica el secante una vez utilizada la pintura.

Pintura semimate
Una pintura al aceite (derecha) con un acabado satinado, que se utiliza como base para los esmaltes de aceite.

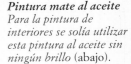

Pintura mate al aceite
Para la pintura de interiores se solía utilizar esta pintura al aceite sin ningún brillo (abajo).

Pintura brillante comercial
Ésta (derecha) es una de las pinturas más comunes. Una mezcla corriente contiene 60 por ciento de resina alcídica, 25 por ciento de óxido de titanio, y el resto de disolvente de petróleo.

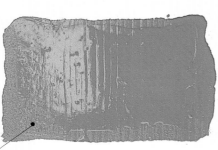

Pintura de brillo natural
Esta pintura (derecha) está compuesta de aceite de linaza y resinas naturales para producir un máximo brillo. Hace muchos años no existía la pintura brillante, sólo la pintura de plomo al aceite. Para conseguir un efecto brillante, se tenía que aplicar una capa de barniz.

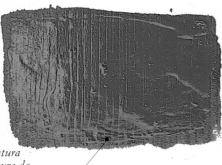

Pintura de plomo
Actualmente, la pintura de plomo (arriba) no se encuentra para uso doméstico. En algunos países se puede utilizar con permisos especiales, para restaurar edificios históricos y monumentos.

Pinturas al agua

LAS PINTURAS al agua se secan con rapidez y los pinceles se pueden limpiar con agua. Sin embargo, no son tan resistentes como las pinturas al aceite y, exceptuando las modernas pinturas de plástico, la superficie pintada no puede ser lavada.

Estas pinturas se utilizan comúnmente como pinturas de pared y tienen una larga historia. La mayoría de las pinturas al agua modernas y comerciales se conocen como pinturas mates de látex o vinilo. Consisten en una mezcla de agua con acetato polivinílico (por lo tanto vinilo) o con polímero acrílico. Actualmente, las pinturas fabricadas en masa están basadas en polímeros que tapan la superficie con una película, y con el tiempo producen burbujas y se desconchan.

Las pinturas clásicas al agua, como el encalado y la lechada/temple son absorbidas por la superficie y la dejan «respirar». Las superficies adquieren un aspecto y tacto calcáreo y natural. Actualmente se fabrican pinturas que imitan en tacto y color a las pinturas clásicas.

Hasta hace poco, no había pinturas al agua brillantes. Hoy en día, se encuentra en el mercado pintura brillante elaborada sin disolvente, que se puede lavar con agua y detergente.

Base natural con color
Esta pintura (derecha) se compone de un colorante natural concentrado hecho de resinas, aceites vegetales y etéreos, y pigmentos de tierra y minerales. Se puede añadir a cualquier base.

Caseína
La pintura a la caseína (izquierda) se fabrica con cuajada de leche. La caseína misma se utiliza a menudo combinada con otros aglutinantes, como la cal o el temple, que la refuerzan.

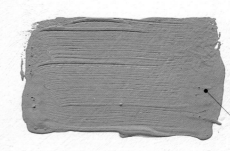

Pintura cocida finlandesa
Esta pintura tradicional escandinava (derecha) es económica, resistente, y dura entre 30 y 50 años. Se utiliza en Suecia y Finlandia. Está fabricada de harina de centeno y de trigo hervida en agua, sulfatos de hierro y pigmentos de tierra.

Lechada/temple fina
Esta pintura al agua (izquierda) está compuesta de un blanqueador, pigmento y una cola, como aglutinante. Si se fabrica correctamente, la lechada/temple fina no se desintegra en forma de polvo.

Encalado
Es una antigua técnica de pintura a base de cal muerta (véase página 75). Su gran ventaja sobre las pinturas modernas es que permite que la pared «respire», y que las aguas y sales de ésta puedan salir a la superficie. No se desconcha ni se agrieta como las pinturas de plástico. Si está bien fabricada, no se desprende con el roce. No se adhiere a las superficies impermeables.

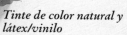

Tinte de color natural y látex/vinilo
Este tipo de pintura (izquierda) tiene el mismo colorante natural que la fotografía de arriba, pero está elaborada a base de látex/vinilo y es más concentrada.

Pinturas al agua modernas
Pinturas como la de esta pared (izquierda) se fabrican comercialmente. Son las modernas pinturas al agua, producidas en grandes cantidades. También se llaman látex en Estados Unidos y en Europa, y emulsión de vinilo en Gran Bretaña. Se encuentran en acabados mate y satinado.

Pintura de látex/vinilo
Es la moderna pintura al agua (abajo derecha), especialmente en Estados Unidos y en Europa. La pintura mate de látex/vinilo también se encuentra actualmente en forma de un gel thixotrópico (que no gotea).

Lechada/temple al aceite
Ésta (abajo) es una muestra de lechada/temple a la que se le ha añadido aceite. Aun así sigue siendo considerada una pintura al agua. (Líquidos similares donde grasa o aceite están presentes son la leche y la mayonesa.) Cuando se mezclan dos líquidos que en principio se repelen el uno al otro, como el agua y el aceite, se forma una emulsión.

Pigmentos mediterráneos
Estos pigmentos no tóxicos se importan de Turquía y se convierten en pintura añadiéndoles agua (izquierda).

Látex/vinilo satinado
Ésta (derecha) es una pintura de vinilo con un acabado muy suave. Este tipo de pintura se puede lavar y rascar, es extremadamente resistente. Se encuentra en acabado mate, satinado y brillante.

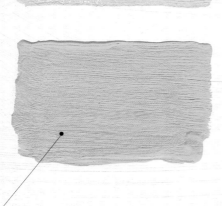

Colores reproducidos
Éstas son pinturas modernas (derecha) que imitan el efecto de las clásicas, como las pinturas de suero de leche. Reproducen los colores antiguos.

Yeso con pigmento
Éste (arriba) es un producto parecido al yeso. Hay de secado rápido y de secado más lento. Puede ser aplicado sobre una pared y esculpido mientras se seca.

Pinturas de artista

LOS ARTISTAS necesitan que la pintura permanezca inmutable durante cientos de años, y por esta razón, las pinturas de artista son más puras y más finas que las de decoración. Las pinturas de artista también difieren de las otras en que no están tan estandarizadas, así que un tierra de Siena será más o menos intenso según el fabricante. Dado que algunos pigmentos tienen más tendencia a descolorarse, la mayoría de fabricantes de pinturas de artista tienen meticulosa información sobre la permanencia de cada pigmento.

En decoración se utilizan a veces las pinturas de artista para murales y para algunos muebles. Hay básicamente dos calidades de estas pinturas: la profesional y la de estudiantes o aficionados, que es más barata. Aunque hay poca diferencia entre las dos, la profesional tiene en su composición pigmentos de mejor calidad, y por ello es más permanente.

Las pinturas de artista pueden ser óleo, acuarela o acrílico. Algunos prefieren el óleo, porque sus colores tienen más matices y un mayor grado de transparencia u opacidad. Otros prefieren el acrílico, porque sus colores están más estandarizados y se secan más rápido, lo cual siempre facilita el trabajo. Las pinturas de artista se pueden comprar ya fabricadas, pero elaborarlas en casa ayuda a comprender el comportamiento inherente de los pigmentos.

Óleos
Es la pintura más popular desde el siglo XVI (derecha), es muy versátil, de secado lento y tiene un ligero brillo.

Óleo

Temple o témpera

Temple o témpera
El temple al huevo (arriba y derecha) puede adquirirse hecho o elaborarse con huevo y pigmentos. El temple fresco se conserva poco tiempo. Los artistas emplean frecuentemente pintura de témpera gruesa que no corre con fluidez, y que se aplica mediante pinceladas cortas.

Médiums para óleos
Hay numerosos tipos de médiums (derecha) para óleo que alteran sus propiedades originales. Pueden acelerar el tiempo de secado, mejorar la fluidez, añadir textura, conseguir un acabado brillante o mate, y aumentar el volumen de la pintura.

Médium para óleo

Marco
Este marco (arriba) está pintado con una capa de imprimación de látex/vinilo. Sobre esta capa base se pintó con témpera para decorarlo.

Caja decorada
Esta caja (derecha) está pintada al óleo sobre una base verde semimate. Los óleos de artista los utilizan a veces los interioristas como colorantes y para la pintura decorativa. El óleo tarda en secarse, lo cual puede constituir una ventaja. Como diluyente admite tanto la esencia de trementina como el aguarrás.

Acuarela

Tiene una calidad transparente (arriba) y rara-
mente se utiliza sobre muebles o paredes, porque
tendría que impermeabilizarse con un barniz.

Gouache

El gouache (izquierda) es
la acuarela mezclada con
yeso, para que adquiera
una calidad más densa y
opaca. Es especialmente
útil como pintura mate,
pero necesita la
protección de un
barniz al aceite.

Pintura acrílica

El acrílico (arriba) es la pintura
al agua moderna desarrollada
como alternativa al óleo. Es
muy adaptable y puede ser
aplicada en capas gruesas o
finas. Los pinceles se deben
lavar en agua
inmediatamente después
de su uso, ya que si se
secan se endurecen
irremediablemente.
La pintura acrílica
no requiere barniz.

Goma arábiga

La goma arábiga (derecha)
se utiliza como medio para
elaboración de acuarela y
gouache, y para alterar su
viscosidad. Se puede
comprar líquida o en
granulado. Se utilizó en la
decoración de este tablero
de dibujo (arriba), para que
la pintura se pudiera
aplicar con plumilla.

Tablero de dibujo

Este tablero de dibujo (arriba) lleva
dos capas de látex/vinilo y luego está decorado con
tinta, acrílico, acuarela y gouache. El gouache y el
acrílico se mezclaron con goma arábiga y el dibujo
no está hecho a pincel sino a plumilla. Está
barnizado con poliuretano.

23

Ceras y tintes para madera

L AS CERAS y los tintes son acabados decorativos y protectores para la madera. Los tintes son líquidos transparentes de color que se aplican en maderas no tratadas y que dejan visibles las vetas. Hay tres tipos distintos: al aceite, al alcohol y al agua. Las ceras se pueden utilizar sobre madera sin tratar o sobre superficies previamente pintadas o teñidas. La cera envejece muy bien y crea una hermosa pátina a medida que se añaden capas. Para convertir una cera pura y sólida en una pasta utilizable, se derrite la cera y se mezcla con esencia de trementina hasta lograr la consistencia adecuada.

Copos de cera de Carnauba

Cera Japón

Cera de Carnauba

Cera de arce

Cera calcárea

Cera calcárea

Ceras orgánicas

La cera Japón (arriba) se extrae de las bayas del árbol sumac. Es muy grasienta, aceitosa al tacto, bastante dura y flexible. Se puede mezclar con cera de abeja. La cera de Carnauba (arriba centro y derecha) proviene de la envoltura de la hoja de una palmera brasileña. Es la cera más dura, con el punto de fusión más alto y con el acabado más pulido.

Cera de arce

Cera antigua de pino

Ceras de color

Entre ellas (arriba) está la cera calcárea, una mezcla de blanqueador y de cera de abejas, la de arce y la antigua de pino, que se pueden colorear con pigmento para simular diferentes tonos de madera.

Cera antigua de pino

Ceras noorgánicas

Las ceras extraídas de la tierra, conocidas como ceras de tierra, incluyen la microcristalina (derecha) y la parafina (abajo). Son baratas.

Mecla de ceras naturales

Esta cera (centro izquierda) contiene cera de abejas, cera de Carnauba, cera de candelilla, aceite cítrico y aceite de esencia de trementina, y es una cera suave y líquida.

Cera microcristalina

Mezcla de ceras naturales

Cera líquida de abeja

Cera de abejas

Proveniente de panales de abejas, esta cera (izquierda) se puede adquirir en forma sólida, líquida y en pastillas. Normalmente, tiene un color amarillento, pero aplicada es transparente. Como es muy fina, se suele mezclar con otras ceras, como la de Carnauba, para darle cuerpo y hacerla menos frágil.

Cera parafina

Cera de abeja

Pastillas de cera blanca de abeja

Cristales de
bicromato de
potasio

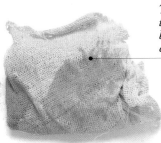

Tela
teñida con
bicromato
de potasio

Tinte Van
Dyck al
agua

Cristales de
Van Dyck

Bicromato
de potasio

Bicromato de potasio
Estos cristales (arriba
izquierda) *se mezclan con agua
tibia para hacer tinte. Los
cristales son tóxicos y deben ser
manejados con cuidado.*

Tinte de
arándano
al agua

Tintes al agua
Estos tintes al agua (arriba) *son muy prácticos y de fácil uso: mucha
gente los prefiere a los tintes al alcohol o a la esencia de trementina.
Los cristales de Van Dyck, fabricados de cáscaras de nuez, le dan un
tono rojizo al color marrón oscuro. Los tintes al acrílico y al agua se
pueden adquirir en una amplia gama de colores, incluyendo el tono
del arándano.*

Aceites
Todos estos aceites (izquierda)
*realzan las vetas naturales de la
madera. El aceite de teca sella y
alimenta la madera. El aceite
natural, tradicional para
muebles, puede utilizarse solo o
como base para la cera de pulir
que le dará a la madera un
brillo natural. El aceite de tung
es un aceite natural de frutos
secos, originalmente empleado
para impermeabilizar juncos
chinos; fue traído a Occidente a
finales del siglo XIX. Es útil
para cocinas y lavabos porque
es impermeable.*

Aceite de teca

Aceite natural,
tradicional
para muebles

Tinte de roble
oscuro al
alcohol

Tintes al alcohol
Existe una gran variedad de
tintes (arriba derecha) *que se
disuelven con alcohol
desnaturalizado o de otro tipo.
Son volátiles y se secan con
rapidez. El tinte se puede diluir
añadiendo más alcohol para
crear colores más suaves.*

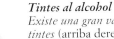

Aceite de tung

Tinte de
caoba al
alcohol

Barnices, gomas y resinas

EL BARNIZ NATURAL se elabora con gomas y resinas de varios árboles. Los barnices modernos de marca se hacen con resinas sintéticas. La resina no se disuelve en agua, pero sí en esencia de trementina, en alcohol y en aceite. Antiguamente, se añadían resinas o gomas a las pinturas para que fluyeran mejor, para que se secaran con mayor rapidez y para darles un mayor brillo. La mezcla de resina o goma con aceite de linaza se conocía como barniz. A los barnices también se les llama lacas, pero hablando estrictamente, la laca se fabrica de laca de grano o goma laca, una resina animal. La mayoría de los barnices se disuelven con esencia de trementina. Existía gran cantidad de recetas de mezclas de gomas para la elaboración de los diferentes barnices, y muchas de ellas se mantienen hoy en día.

Algunos de los barnices o de las lacas más sencillas son los fabricados de goma laca disuelta en alcohol, casi siempre desnaturalizado. Hay muchos tipos de barnices para diferentes usos, y se debe escoger el apropiado para cada uno de ellos.

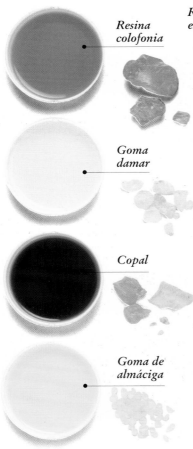

Resina colofonia

Resinas solubles en esencia de trementina

La resina colofonia (izquierda) *se obtiene del pino. Es el residuo que queda cuando se ha extraído la esencia de trementina.*

Goma damar

La goma damar (izquierda) *se recoge de árboles de las selvas de Malaya y Borneo. Es muy clara, contiene poco color y amarillea más lentamente que otros barnices.*

Copal

El copal (izquierda) *es una resina fósil. Actualmente es un recurso natural muy difícil de encontrar en su forma más pura.*

Goma de almáciga

La goma de almáciga (izquierda) *se obtiene del árbol mediterráneo* Pistachia lentiscus. *Cuando se disuelve es transparente, pero tiene tendencia a amarillear.*

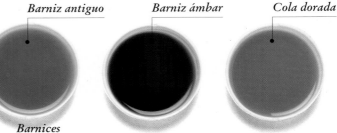

Barniz antiguo　　**Barniz ámbar**　　**Cola dorada**

Barnices
El barniz antiguo es oscuro y proporciona un aspecto envejecido a la pintura. La resina de ámbar es un aditivo para el barniz duro. La cola dorada es para aplicar sobre las láminas de oro.

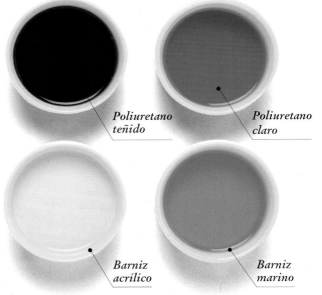

Poliuretano teñido　　**Poliuretano claro**

Barniz acrílico　　**Barniz marino**

Barnices modernos
Los barnices modernos (arriba) *son resistentes e impermeables. El poliuretano, tanto el teñido como el transparente, y el barniz marino son al aceite y se disuelven con esencia de trementina. Tienen un tono amarillento. El barniz acrílico es al agua e incoloro.*

Resinas solubles en alcohol etílico
La goma de elemí (derecha) *tiene un punto de fusión bajo y se oscurece y endurece con el tiempo. La goma de benzoína se utiliza por su elasticidad y su aroma. El sandáraco produce un barniz duro pero frágil.*

Goma de elemí　　**Goma de benzoína**　　**Sandáraco**

Alcohol desnaturalizado/ mezcla de alcoholes etílico y metílico

Laca de grano

Barniz de laca transparente sin ceras
Se usa para obtener un acabado transparente (izquierda). En Inglaterra se conoce como cera francesa.

Ingredientes básicos del barniz de laca
Aquí (arriba) se muestra el alcohol desnaturalizado y la laca de grano. Laca de grano es el nombre que recibe la laca cruda de grano (el material crudo), una vez se ha limpiado y molido y se le ha quitado gran parte del tinte rojo de la goma laca. Éstos son los dos ingredientes básicos de todos los barnices de laca.

Barniz de laca granate
Primero se calienta la laca de grano y luego se extiende en tiras finas. Cuando se enfría, se rompe en forma de copos. Superponiendo varias capas se crea un acabado marrón oscuro.

Goma laca cembra

Botones de goma laca
Éste es el primer paso para hacer barniz de laca. La goma laca se calienta, se filtra a través de una tela de muselina y se deja enfriar en forma de botones (abajo). Proporciona un acabado marrón dorado.

Diluyente de alcohol vegetal

Goma laca cembra
Este barniz de laca (arriba) tiene un acabado muy fino y se utiliza para muebles. El aceite de cembra se obtiene de la pinaza del pino de cembra, calentándola al vapor para que los aceites se evaporen. Se muestra aquí con un disolvente de alcohol vegetal destilado de la patata.

Pulimento negro
Éste es un barniz de laca muy oscuro (izquierda). Se deriva de la técnica utilizada para fabricar el tinte de ébano. Éste se elaboraba coloreando la madera con caparrosa verde, astillas de campeche o verdete y luego cubriéndola con un polvo muy fino de añil o negro de humo y barniz de laca.

Pinceles, brochas y cepillos

HOY EN DÍA, acostumbramos utilizar el mismo pincel para trabajos diferentes. En el pasado, se tenía más en cuenta las diferencias de un pincel a otro, para los distintos trabajos. En particular, se ha de distinguir entre los pinceles de agua y los de aceite.

Un pincel se compone del pelo o la cerda, la virola de metal y el mango. Las brochas de pintar paredes suelen tener un soporte al cual se unen los pelos mediante la virola. Los mangos pueden estar separados o formar parte de la misma pieza que el soporte. Muchos mangos son redondos para facilitar movimientos complicados. Los mangos de los pinceles americanos y europeos no están barnizados; en cambio, los de los pinceles británicos suelen estarlo. Las brochas grandes suelen tener mangos planos con un agujero para poder colgarlos tras su uso.

El pelo suave de los pinceles procede de gran variedad de animales. Los más populares son los de buey, ardilla y marta cibelina, y para trabajos más especializados, los de tejón. Los pinceles más finos son los de marta cibelina; los más bastos probablemente son los fabricados de cerda. Una alternativa más asequible para el pincel de marta es el de pelo de ardilla, a veces llamado de pelo de camello, lo cual crea mucha confusión. La cerda es un material más duro, que se emplea para la pintura plástica o al aceite. Se utiliza cerda de puerco y pelo de caballo. La cerda de puerco más fina se tiñe y se conoce como cerda blanca.

Brocha ancha
Esta brocha (abajo) *se utiliza para paredes. Su forma rectangular permite coger mucha pintura.*

Brocha para látex/vinilo
Esta brocha (izquierda) *tiene una virola de cobre para evitar la oxidación. En la actualidad se fabrica con una mezcla de filamento sintético y cerda, aunque originalmente se hacía con fibra y cerda.*

Brocha para lechada/temple y encalado
Esta brocha (derecha) *está fabricada de fibras vegetales, y antes de usarla debe ponerse en remojo para que se ablande. Es útil para paredes grandes y desiguales, especialmente en exteriores.*

Rodillo
Este modelo (derecha) *tiene una funda de mohair. El rodillo es muy popular porque cubre extensas superficies con rapidez.*

Cepillos de alambre

Cepillo de quitar polvo

Brochas y cepillos de preparación
Estos cepillos (izquierda) se utilizan para preparar la superficie a pintar. El cepillo de quitar polvo se utiliza para dejar bien limpia la superficie. Tres virolas en lugar de una le dan más fuerza a los pelos. Los cuatro cepillos metálicos se utilizan para alisar superficies desiguales o rugosas.

Cepillos de alambre

Brochas europeas
Estas brochas (derecha) se emplean para las pinturas al aceite. Se pueden adquirir en forma redondeada, puntiaguda y plana, pero todas comparten la característica de tener la virola circular. El modelo con tope amarillo es muy cómodo, porque éste se puede ir bajando a medida que se gasta la brocha. Sólo se encuentra en Estados Unidos y Gran Bretaña.

Brocha británica de cerda

Brochas para pintura al aceite
La brocha británica de cerda (arriba) se utilizaba ya en los años 30 exclusivamente para pinturas al aceite. La brocha americana de cerda (derecha) tiene un filamento sintético y es plana como la británica. Las dos brochas europeas (derecha) se utilizan tanto para pinturas al aceite como para barnizar grandes superficies.

Brochas europeas

Brocha americana de cerda

Brochas europeas

29

Pincel de virola de cobre

Pinceles de artista

Pinceles para estarcido

Pincel de cerda para vetear

Pincel de cerda para vetear y arrastrar

Pincel de púas para motear

Pinceles de cerda de puerco
El pincel europeo de virola de cobre (arriba) *es en principio para pintar paredes, aunque hoy en día también lo utilizan artistas en todo el mundo. Los tres pinceles de artista* (arriba), *de pelo de turón, son para óleo o acrílico. Pueden ser planos, redondos o de lengua de gato* (no mostrado) *y varían en el tamaño y la longitud de las cerdas.*

Pinceles para estarcido
Hay varios tipos de pinceles para estarcido (arriba), *pero todos tienen la cerda corta para poder controlar bien la cantidad de pintura. Como el pincel está diseñado exclusivamente para trabajos al agua, no lleva virola, puesto que ésta se oxidaría.*

Utensilios para vetear
Aquí mostramos una selección de los muchos utensilios que existen en el mercado (arriba). *Un pincel de cerda, que se utiliza en trabajos al aceite para resaltar las formas en la segunda etapa del veteado. El mismo uso tiene el pincel de púas para motear. El uso del pincel de cerda para vetear y arrastrar es el que su propio nombre indica.*

Pinceles para la decoración *El pincel ancho* (abajo) *es un pincel de cerda para vetear y arrastrar, cuyos pelos han sido cortados a intervalos para crear las rayas del veteado. El otro es para arrastrar la preparación y azotar la superficie.*

Pincel de pelo de ardilla

Pincel de pelo sintético

Pincel de pelo de mangosta

Chiqueter

Pincel de cerda para vetear y arrastrar

Pincel de pelo de tejón para difuminar

Pluma de oca

Pincel de marta cibelina

Pincel de pelo de buey

Pincel de pelo de puerco para difuminar

Pincel para vetear y azotar

Otros pinceles de artista
Aquí mostramos (arriba): *un pincel barato de pelo de ardilla, para dar baños de pintura y para el barniz de laca; un pincel de pelo sintético de gran calidad, para todo uso; un pincel de pelo de mangosta, idóneo para pinturas al agua; un pincel de marta cibelina, también para pinturas al agua; y un pincel de pelo de buey, para artistas.*

Utensilios para el marmoleado
Aquí mostramos una selección de los muchos utensilios que se encuentran en el mercado: un pincel de pelo de puerco para difuminar que sirve para unir tonos de pintura al aceite; un chiqueter, pincel con pelo de ardilla en tres fajos, que hace punteados; y un pincel de pelo de tejón para difuminar que sirve para unir pintura al aceite y al agua. Plumas de alas de oca, para crear efectos venosos.

Tiralíneas de espada con pelo de ardilla

Pincel de pelo largo para trazar líneas

Pincel angular de pelo de turón para trazar líneas

Abanico de pelo de tejón

Pinceles para trazar líneas
Estos pinceles (derecha) se utilizan para trazar líneas en paredes y muebles. Aunque antiguamente los cuatro pinceles de pluma se denominaban según el pájaro de procedencia, hoy en día la denominación (de izquierda a derecha) —alondra, cuervo, pato y oca— hace referencia a la medida del pincel/virola. El pincel de pelo largo para trazar líneas está fabricado con oreja de ternera y el pincel angular de pelo de turón para trazar líneas es un pincel de cerda para trabajos más toscos al aceite.

Pinceles para fresco
El abanico de pelo de tejón y el de ardilla (derecha) se utilizan en trabajos al agua para hacer pinceladas anchas en las capas de fresco y témpera. El abanico de cerda (derecha) es para pintar al aceite. En los dos pinceles para trabajos de fresco y de gesso (abajo) hay que quitar el cordón antes de empezar a utilizarlos.

Abanico de cerda

Abanico de pelo de ardilla

Pinceles de pluma

Pinceles para fresco y gesso

Cepillos de encerado
Aquí mostramos: un pequeño cepillo redondo para aplicar cera a una talla de madera compleja (abajo izquierda); un cepillo pulidor con aplique para taladro (abajo derecha); y un cepillo muy suave para pulir trabajos delicados (abajo al pie).

Pincel para pegamento
El alambre de este pincel (izquierda) ayuda a mantener los pelos firmes cuando se aplica pegamento espeso y viscoso.

Pincel de cerda

Pinceles de pelo de ardilla

Pincel para encerado delicado

Cepillo pulidor con aplique para taladro

Pincel para puntear
Fabricados de cerda, éstos (abajo) se encuentran en diversos tamaños y se emplean para acabados decorativos con esmaltes.

Pinceles para barniz
El pincel de cerda es para barniz. Los demás pinceles (arriba centro y derecha) son de pelo de ardilla muy suave para trabajos delicados de barniz y laca.

Cepillo pulidor para trabajos delicados

Preparación

LA PREPARACIÓN suele ser la etapa más lenta en las técnicas decorativas, pero para conseguir un buen resultado, es necesario que la superficie esté bien acondicionada. Se debe evitar la inhalación de polvo durante el raspado de la pintura vieja, ya que puede contener plomo y ser, por consiguiente, tóxica. La cera vieja se puede eliminar fregando con alcohol y estropajo de acero, o bien utilizando cualquier disolvente para cera del mercado.

Las grietas en el yeso se deben rellenar con masilla prefabricada o hecha en casa. Existe una fórmula, a veces llamada masilla sueca, hecha con pintura brillante o con plomo, blanqueador y cola.

Abrasivos
Existen muchos tipos distintos de abrasivos (derecha). El papel de lija se encuentra en varias formas y graduaciones. Se puede utilizar seco, para raspar madera y otras superficies, o alternar mojado y seco, para pintura. El agua evita que el papel de lija se obstruya con partículas finas. El estropajo de acero también se encuentra en varias graduaciones, y se puede utilizar, por un lado, para hacer penetrar la cera, y, por el otro, para raspar pintura u otras superficies y conseguir un acabado muy suave. Otros abrasivos más finos son el trípoli, que se utiliza con aceite para pulir superficies, y la piedra pómez, que se usa con agua, jabón y barniz de laca para conseguir una superficie uniforme.

Trapos de algodón y trapos adherentes para polvo
Los trapos adherentes para polvo son para quitar el polvo y la grasa cuando se prepara una superficie. Los trapos de algodón (abajo) sirven para limpiar. Sólo se deben utilizar trapos de algodón porque son absorbentes.

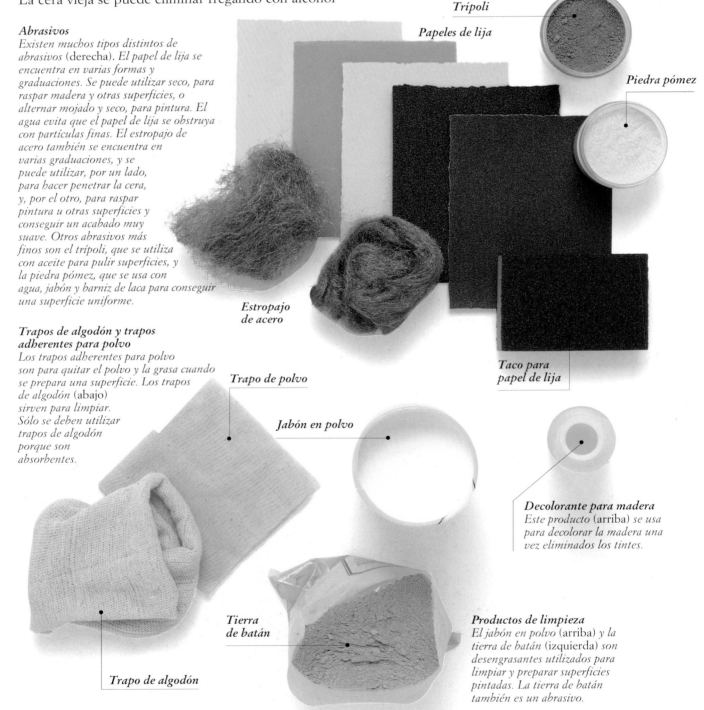

Trípoli

Papeles de lija

Piedra pómez

Estropajo de acero

Taco para papel de lija

Trapo de polvo

Jabón en polvo

Decolorante para madera
Este producto (arriba) se usa para decolorar la madera una vez eliminados los tintes.

Tierra de batán

Trapo de algodón

Productos de limpieza
El jabón en polvo (arriba) y la tierra de batán (izquierda) son desengrasantes utilizados para limpiar y preparar superficies pintadas. La tierra de batán también es un abrasivo.

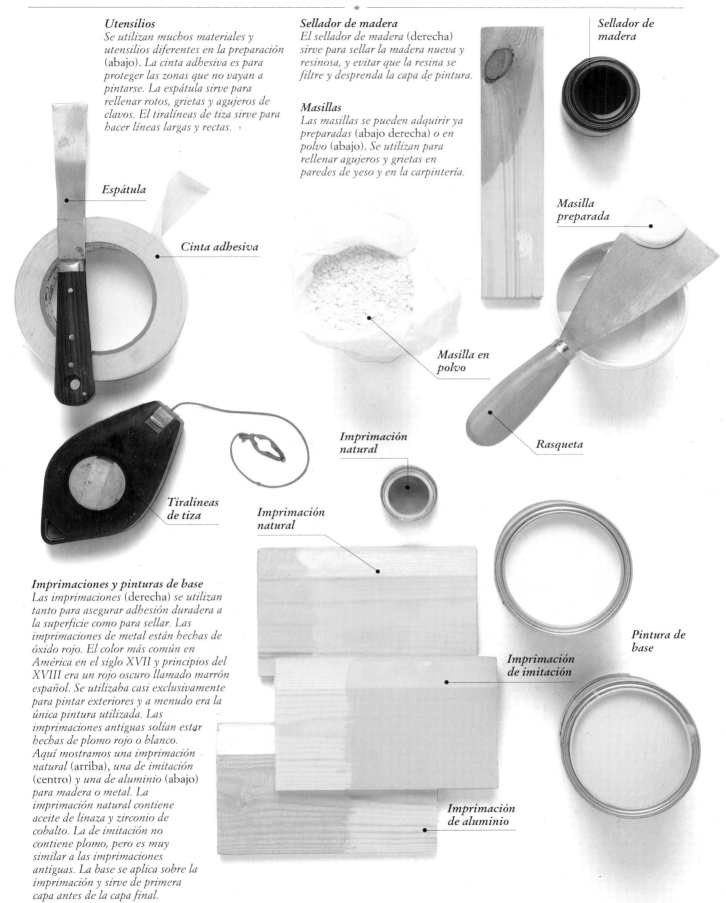

Utensilios
Se utilizan muchos materiales y utensilios diferentes en la preparación (abajo). La cinta adhesiva es para proteger las zonas que no vayan a pintarse. La espátula sirve para rellenar rotos, grietas y agujeros de clavos. El tiralíneas de tiza sirve para hacer líneas largas y rectas.

Espátula

Cinta adhesiva

Tiralíneas de tiza

Sellador de madera
El sellador de madera (derecha) sirve para sellar la madera nueva y resinosa, y evitar que la resina se filtre y desprenda la capa de pintura.

Masillas
Las masillas se pueden adquirir ya preparadas (abajo derecha) o en polvo (abajo). Se utilizan para rellenar agujeros y grietas en paredes de yeso y en la carpintería.

Sellador de madera

Masilla preparada

Masilla en polvo

Rasqueta

Imprimación natural

Imprimación natural

Imprimaciones y pinturas de base
Las imprimaciones (derecha) se utilizan tanto para asegurar adhesión duradera a la superficie como para sellar. Las imprimaciones de metal están hechas de óxido rojo. El color más común en América en el siglo XVII y principios del XVIII era un rojo oscuro llamado marrón español. Se utilizaba casi exclusivamente para pintar exteriores y a menudo era la única pintura utilizada. Las imprimaciones antiguas solían estar hechas de plomo rojo o blanco. Aquí mostramos una imprimación natural (arriba), una de imitación (centro) y una de aluminio (abajo) para madera o metal. La imprimación natural contiene aceite de linaza y zirconio de cobalto. La de imitación no contiene plomo, pero es muy similar a las imprimaciones antiguas. La base se aplica sobre la imprimación y sirve de primera capa antes de la capa final.

Imprimación de imitación

Pintura de base

Imprimación de aluminio

Mezclas de pintura

UCHA GENTE compra la pintura en lata y escoge el tono deseado en la carta de colores del fabricante. Pero incluso la amplia gama que ofrecen las tiendas donde mezclan la pintura no garantiza que se encuentre el color exacto deseado. Además, resulta más satisfactorio mezclarse sus propios colores, lo cual no es tan difícil, una vez aprendidas unas cuantas reglas básicas.

La pintura se compone principalmente de un medio o agente aglutinante, como el aceite de linaza (o el polímero en el caso del moderno látex/vinilo), un disolvente, como la esencia de trementina o el agua, y un agente colorante, o sea, el pigmento.

La pintura se puede elaborar a partir de estos ingredientes, mezclando primero el medio con el color. Existen muchos tipos de medios —la leche, el yeso, el huevo, los aceites vegetales, la cera—; de hecho, cualquier cosa que una las partículas del pigmento y se adhiera a la superficie donde se aplica puede considerar-

se un medio. La idoneidad del medio depende de la cantidad de pintura necesaria y de la superficie a cubrir. Se reconoce una buena pintura según su grado de permanencia. En este libro se encuentran las explicaciones necesarias para hacer diferentes tipos de pintura.

Para fabricar grandes cantidades puede resultar más conveniente utilizar una base prefabricada, por ejemplo, una pintura blanca de látex/vinilo o al aceite y luego añadir el color elegido. El acrílico polivinílico/APV también se puede usar como base, pero, una vez seco, queda transparente y si se le añade blanqueador se opaca demasiado. Para lograr un color determinado, es más fácil añadir el agente colorante a una pintura blanca, pero también es posible agregarlo a una ya coloreada, si se controla bien la mezcla.

Existe gran variedad de colorantes. Cualquier pintura de artista se puede usar para teñir, siempre y cuando sea compatible con la base. Los óleos de artista se deben mezclar únicamente con pintura al

Materiales y utensilios
Sólo se necesita un mortero y una mano de mortero en los trabajos muy delicados. Los pigmentos difieren en cuanto a la cantidad de aceite que absorben y también en su capacidad para cubrir una superficie. La cantidad de pigmento necesaria también depende, por supuesto, de la intensidad del color deseado.

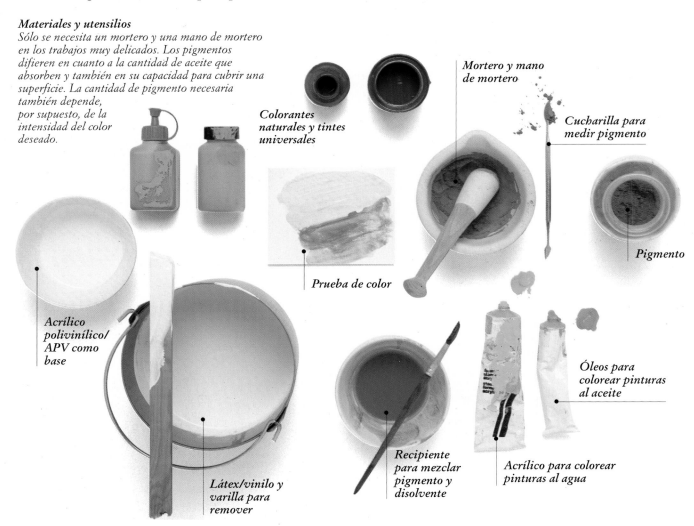

Colorantes naturales y tintes universales

Mortero y mano de mortero

Cucharilla para medir pigmento

Pigmento

Prueba de color

Acrílico polivinílico/ APV como base

Óleos para colorear pinturas al aceite

Látex/vinilo y varilla para remover

Recipiente para mezclar pigmento y disolvente

Acrílico para colorear pinturas al agua

aceite, y los acrílicos con pintura al agua. Los tintes universales y pigmentos en polvo se pueden añadir a las pinturas al aceite y a las pinturas al agua.

La ventaja de elaborar en casa la propia pintura con pigmentos en vez de comprarla ya coloreada, es que el color resultante suele ser más intenso y la mezcla más adecuada a las preferencias individuales. El artesano consigue entender la verdadera naturaleza de los pigmentos. Éstos constituyen la forma más pura de color, con lo que se garantiza el mejor resultado. Además, son muy concentrados, un poco de pigmento proporciona mucho color.

Estamos acostumbrados a que las pinturas fabricadas de manera comercial sean uniformes. Cada lata contiene el mismo color, perfectamente homogéneo en cada pincelada. Originalmente, las pinturas eran

muy irregulares, porque se molían a mano. Hay dos maneras de añadir el color a una pintura. El más simple es agregar el pigmento directamente a la pintura, removiendo. Sin embargo, aun cuando todo el pigmento parezca estar disuelto, pueden quedar grumos minúsculos que sólo se evidencien en la pincelada. El efecto, entonces, es algo irregular, parecido al de la pintura antigua.

Para lograr una pintura más uniforme, se debe añadir la cantidad justa de diluyente al pigmento y agitarlo bien en un frasco de cristal, para luego añadirlo a la base.

Dado que las propiedades de los distintos pigmentos varían, es imposible dar una medida general para la cantidad de pigmento necesario. Esto sólo se aprende realmente a través de la experiencia práctica.

CÓMO MEZCLAR PIGMENTO Y PINTURA

1 Mida una cantidad de pigmento, en este caso es el tierra de Siena natural. Si es necesario, se puede utilizar una mano de mortero.

2 Añada el pigmento al agua. También puede utilizar tinte, óleo o acrílico, siempre y cuando los diluya con el disolvente apropiado.

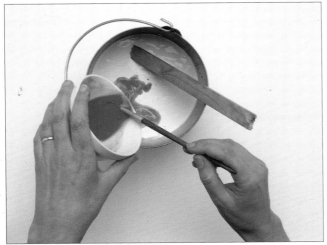

3 Vierta la cantidad deseada de látex/vinilo o de pintura al aceite en un recipiente y añada un poco del color.

4 Mezcle a fondo hasta que el color esté totalmente homogéneo. Añada más color y repita el proceso hasta conseguir la intensidad deseada. Haga una prueba de color para verificarlo.

Guía
de
colores

- *Pigmentos de tierra* •
- *Pigmentos minerales* • *Pigmentos vegetales* •
- *Paleta internacional* •
- *Mezclas de color* •

ARTE DE LA EXPERIENCIA cuando visitamos otros países es examinar los colores de las construcciones, que son parte importante del sabor distintivo que permanece después en nuestra memoria. Los colores definen cada zona y pueden diferenciar el norte del sur, como en Francia o en Estados Unidos.

En Nueva Inglaterra es irresistible el encanto de la gama de marrones y rojizos de sus graneros, y el azul pálido, gris y ocre de sus casas. En México, los colores son vibrantes, y las atrevidas combinaciones de amarillo y rojo tierra viven en perfecta armonía con los brillantes verdes y azules.

En Europa la variedad es infinita. En Bélgica, Holanda, Alemania y Escandinavia se utiliza un verde oscuro muy especial para pintar puertas, porticones y marcos de ventanas, que destacan así entre el rojo de los ladrillos, los cálidos colores terrosos o el blanco encalado de las fachadas. Escandinavia se caracteriza asimismo por sus serenos tonos grises y azulados, que en los últimos años han influido en artesanos de otros países, especialmente en cuanto a pintura de muebles. En Italia, los impresionantes rosa tostados y terrosos han sido fuente continua de inspiración para muchos, mientras que en Grecia, España y Portugal proliferan los luminosos encalados blancos, a menudo junto a un color azulete claro.

En general, todos los países utilizan los colores de la tierra, especialmente los óxidos rojos y los ocres, porque abundan y son asequibles. El tono de los colores varía de un país a otro, oscilando entre más cálido o más intenso.

El color se utilizaba como una demostración visible del estatus social, ya que los pigmentos tenían distintos precios. Así pues, el pintor de casas cobraba según el color. Esta diferencia de precio persiste hoy en día en el caso de los pigmentos puros o las pinturas de artista. Las pinturas de pared corrientes cuestan todas lo mismo, sean del color que sean, ya que están hechas de tintes sintéticos en lugar de pigmentos.

Una lista de precios del siglo XVIII, cuando no existían sino pigmentos, ofrecía un fino verde intenso a un coste ocho veces mayor que otros colores como beige, gris o marrón. El azul, algunos naranjas, el amarillo limón y el verde oliva también eran colores caros que daban distinción a una casa. En Holanda, en la misma época, se utilizaba un negro oscuro como el carbón en la madera del exterior de la casa, pero si los propietarios se

Estos frascos con pigmentos (izquierda) están colocados en estanterías en una tienda marroquí. En algunos países, el pigmento seco puede aún comprarse en droguerías y tiendas especializadas para artistas. En las diferentes regiones del mundo, los pigmentos se mezclan en distintas proporciones para dar los típicos matices al color básico (abajo).

enriquecían, lo acababan pintando siempre de un color verde oscuro, que era la opción más cara. Incluso a principios de siglo, antes de que las pinturas comerciales se fabricaran en masa, los pintores cobraban según el color escogido, aunque por entonces ya habían muchas más alternativas sintéticas baratas.

La variedad de colores hoy en día es enorme, quizás incluso desconcertante para muchos. Las cartas de colores presentan los tonos primarios junto a una gran selección de matices pasteles y oscuros. Algunas compañías ofrecen cientos de colores a escoger, a veces con mínimas diferencias de uno al próximo en la escala. Se pueden escoger tonos muy precisos, pero hay una cierta uniformidad y estandarización. Por esta razón, hay una tendencia, en los últimos años, hacia las pequeñas empresas que fabrican colores es-

La amplia gama de colores en las cartas de los fabricantes comerciales puede llegar a ser intimidante y confusa. Es difícil imaginar el efecto de un color en una habitación después de ver tan sólo una pequeña muestra. Al escoger un color, hay que fijarse en que es dos tonos más oscuro, en la escala, para hacerse una idea de cómo resultará una vez aplicado.

pecializados con características particulares, ya sean históricas o geográficas, como por ejemplo, una gama típica de Nueva Inglaterra o del Mediterráneo.

En nuestra vida cotidiana, vemos colores chillones por todos lados, tratando de llamar nuestra atención. Colores chillones en la calle: coches, ropa, carteleras, y en el hogar: envases, revistas y productos de plástico. Como estamos sumergidos en este bombardeo de colores chillones, buscamos descanso en los colores del pasado, menos exigentes, más reposados y más sutiles. Por el contrario, en la Edad Media, cuando la gente estaba rodeada de tonos desteñidos y embarrados, se soñaba con colores que aportaran claridad y luminosidad. Se apreciaba enormemente el brillante rojo bermellón, aunque su coste hacía que incluso aquellos que podían pagarlo lo utilizaran sólo en pequeñas cantidades. Los pintores de manuscritos ilustrados buscaban los colores luminosos, e incluso hoy en día se atribuye a éstos la cualidad de preciosos.

Actualmente, los expertos en la historia de los colores siguen investigando y haciendo nuevos descu-

En el pasado, se solía añadir azulete (un intenso pigmento azul) al último enjuague de la colada blanca, para intensificar su blancura. Aquí (arriba) se ha añadido este mismo pigmento a una pequeña cantidad de látex y se ha pintado un trozo de cartón. Con el azulete se logra un azul muy intenso por muy poco dinero. Las paredes de madera de las antiguas casas americanas estaban a veces pintadas con este azul.

En Estados Unidos, se encuentran a veces casas pintadas con una gran variedad de colores (arriba). Se les ha dado el encantador sobrenombre de «señoras pintadas».

brimientos respecto a los orígenes de éstos. Se obtiene información en libros de pintores, que datan de los siglos XVII y XVIII, y más frecuentemente del XIX. Asimismo, se toman muestras de antiguos edificios para ver el tipo de colores utilizados bajo las sucesivas capas de pintura. Esta técnica puede dar lugar a errores. Las capas más profundas, pueden confundirse con las capas del acabado, o un color puede haberse oscurecido o desteñido con el paso de los años. Esto parece haber ocurrido especialmente con ciertos verdes y azules llamados cardenillo, conocidos a veces como azul o verde Bremen, hechos con cobre. Donde las muestras revelaban este pigmento, el color verde aparecía desteñido o ensuciado. De hecho, cuando se empleó era bastante brillante y claro, posiblemente parecido a un color verde menta. A pesar de esto, mucha gente prefiere las casas antiguas decoradas en colores desteñidos o parduscos, porque asocia éstos a la auténtica imagen.

No había demasiada documentación sobre la historia de los colores y trabajos decorativos de las casas, porque estaba en manos de los artesanos, que no eran hombres de letras. Hoy en día hay un renovado interés por el color, gracias a la ayuda de historiadores, conservacionistas y artistas, quienes se han dado cuenta de la necesidad de entender y utilizar éste, en su estado auténtico.

Pigmentos de tierra

STOS SON PIGMENTOS simples encontrados en la tierra. En general, son baratos y abundantes, pero algunos depósitos, como los de Siena y Toscana, están prácticamente agotados. El origen y uso de los pigmentos pueden trazarse a través de la geografía, desde las cuevas de Lascaux en la Dordoña francesa a las pinturas sobre piedra sudafricanas o a las aborígenes australianas.

La decoración tradicional de casas se basaba a menudo en yeso o cal mezclados con el pigmento tradicional. Hoy en día, los pigmentos de tierra siguen siendo muy importantes tanto en la paleta del artista como en la del decorador. Los colores pueden variar algo, según el área geográfica donde se encuentran sus pigmentos, pero sus características y propiedades permanecen iguales.

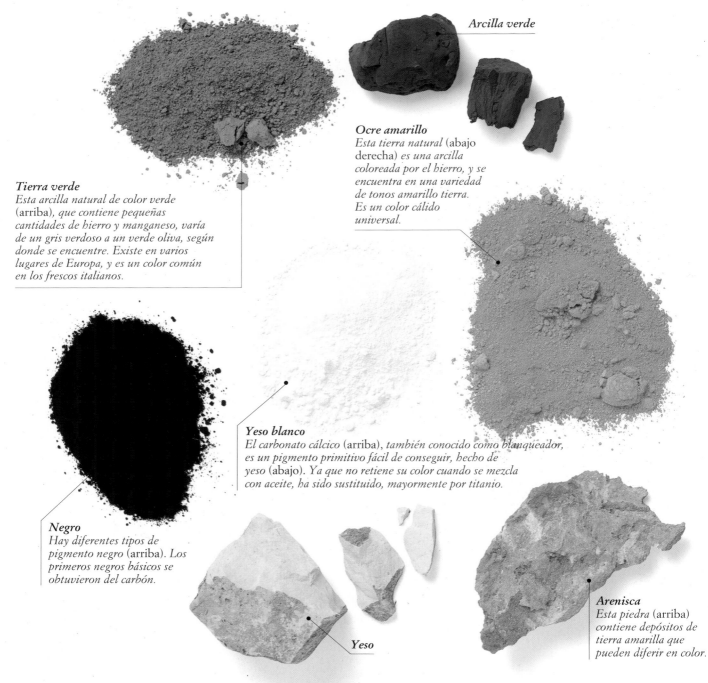

Arcilla verde

Tierra verde
Esta arcilla natural de color verde (arriba), que contiene pequeñas cantidades de hierro y manganeso, varía de un gris verdoso a un verde oliva, según donde se encuentre. Existe en varios lugares de Europa, y es un color común en los frescos italianos.

Ocre amarillo
Esta tierra natural (abajo derecha) es una arcilla coloreada por el hierro, y se encuentra en una variedad de tonos amarillo tierra. Es un color cálido universal.

Yeso blanco
El carbonato cálcico (arriba), también conocido como blanqueador, es un pigmento primitivo fácil de conseguir, hecho de yeso (abajo). Ya que no retiene su color cuando se mezcla con aceite, ha sido sustituido, mayormente por titanio.

Negro
Hay diferentes tipos de pigmento negro (arriba). Los primeros negros básicos se obtuvieron del carbón.

Yeso

Arenisca
Esta piedra (arriba) contiene depósitos de tierra amarilla que pueden diferir en color.

40

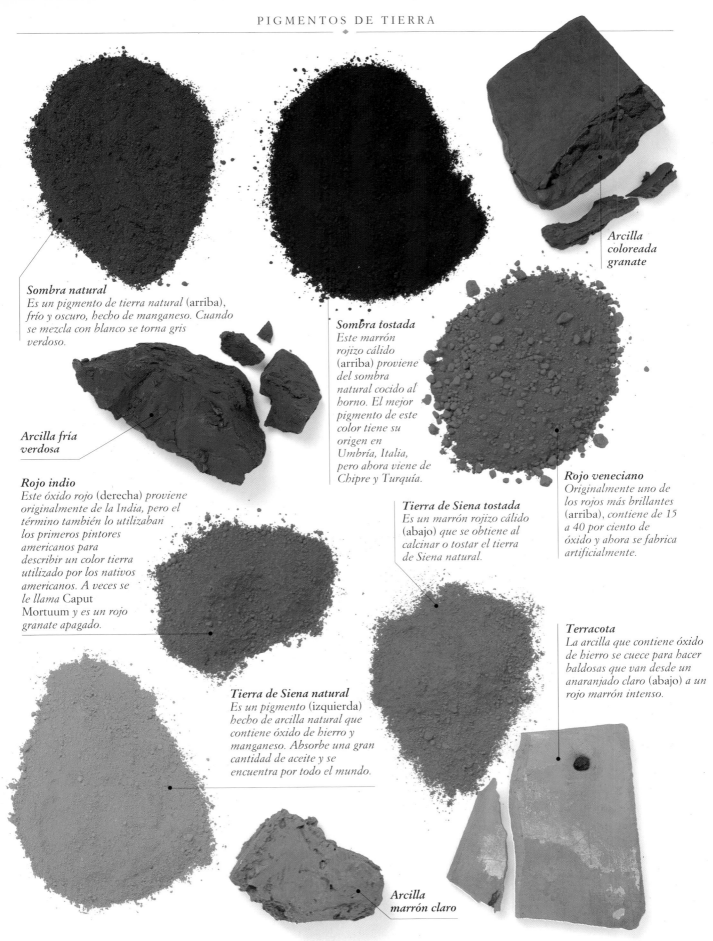

**Arcilla
coloreada
granate**

Sombra natural
*Es un pigmento de tierra natural (arriba),
frío y oscuro, hecho de manganeso. Cuando
se mezcla con blanco se torna gris
verdoso.*

Sombra tostada
*Este marrón
rojizo cálido
(arriba) proviene
del sombra
natural cocido al
horno. El mejor
pigmento de este
color tiene su
origen en
Umbría, Italia,
pero ahora viene de
Chipre y Turquía.*

***Arcilla fría
verdosa***

Rojo veneciano
*Originalmente uno de
los rojos más brillantes
(arriba), contiene de 15
a 40 por ciento de
óxido y ahora se fabrica
artificialmente.*

Rojo indio
*Este óxido rojo (derecha) proviene
originalmente de la India, pero el
término también lo utilizaban
los primeros pintores
americanos para
describir un color tierra
utilizado por los nativos
americanos. A veces se
le llama Caput
Mortuum y es un rojo
granate apagado.*

Tierra de Siena tostada
*Es un marrón rojizo cálido
(abajo) que se obtiene al
calcinar o tostar el tierra
de Siena natural.*

Terracota
*La arcilla que contiene óxido
de hierro se cuece para hacer
baldosas que van desde un
anaranjado claro (abajo) a un
rojo marrón intenso.*

Tierra de Siena natural
*Es un pigmento (izquierda)
hecho de arcilla natural que
contiene óxido de hierro y
manganeso. Absorbe una gran
cantidad de aceite y se
encuentra por todo el mundo.*

***Arcilla
marrón claro***

Pigmentos minerales

LOS MINERALES han sido una fuente de materia colorante desde tiempos antiguos. Fueron cinco los minerales utilizados en su forma original y en polvo, pero últimamente han sido sustituidos, porque son carísimos. Son la azurita y malaquita, ambos minerales de cobre azul y verde; el oropimente, de un amarillo brillante; el cinabrio, de un rojo vivo; y el lapislázuli, de un azul intenso.

Otros colores se producen a base de química simple. Los alquimistas de Oriente Medio experimentaban con muchos materiales, en su búsqueda de metales preciosos. Mezclando mercurio y azufre producían el bermellón, un rojo vivo que reemplazaba al cinabrio.

El cobre era el elemento metálico más importante, producía colores que no se conseguían con tierras: el verdete y varios tonos de azul, como los llamados azul o verde de Bremen. Se hacían utilizando mezclas de azufre de cobre y amoníaco y a veces cal y cardenillo, para producir diferentes matices de azul y verde. También se fabricaba el verde esmeralda, a partir del de arsenito de cobre venenoso, origen quizá de la fama de mala suerte que tiene el color verde.

A partir del siglo XVIII, los químicos descubrieron un gran número de colores más baratos y fiables. Entre ellos están el azul de Prusia, el cobalto, el ultramar, los cadmios, los cromos, los alizarinas y el manganeso.

Cobre

Verdete (abajo derecha), *un pigmento artificial primitivo que no era de gran calidad, pero sí más fácil de conseguir que la malaquita. Era un pigmento de cobre básico que se obtenía de poner, una sobre otra, láminas de cobre alternadas con pieles de uva comprimida, sidra de manzana o ácido acético. Los azules y verdes del cianino ftálico son descubrimientos relativamente recientes; fueron introducidos por primera vez en los años 30 para luego ser sustituidos por los azules y verdes cobres.*

Ftalo cianina o cianino ftálico

Azurita

Verdete o cardenillo

Malaquita

Verde cromo

Cobre

Azul Prusia

Verde cromo

Verde cromo (arriba), *un tono esmeralda transparente muy claro sintetizado de hidróxido de cromo, un pigmento sintético e inorgánico hecho de bicromato de potasio y ácido bórico.*

Azul Prusia

Un azul verdoso oscuro, este pigmento (arriba) *fue descubierto en 1704 por un químico que intentaba hacer un carmesí artificial con sal de hierro, potasa y sangre.*

Cromo

Un número de pigmentos artificiales (derecha), *que van del amarillo pálido al naranja escarlata oscuro y que se obtienen de cromatos de plomo. El amarillo cromo fue descubierto en 1797, en París, por Vauquelin, y ha sido fabricado comercialmente desde 1818. Desde su descubrimiento, se han desarrollado un gran número de pigmentos de cromo. El verde cromo, por ejemplo —también conocido como verde de Brunswich, verde de Prusia o verde cinabrio—, estaba fabricado con amarillo cromo y azul de Prusia. Todos ellos son algo tóxicos.*

Amarillo cromo

Naranja cromo

Verde cromo

Violeta manganeso

Negro manganeso

Azul manganeso

Manganeso

El dióxido de manganeso es la base de estos pigmentos (izquierda y arriba). *El azul manganeso se inventó a principios del siglo XX. Los manganesos negro y violeta son menos comunes.*

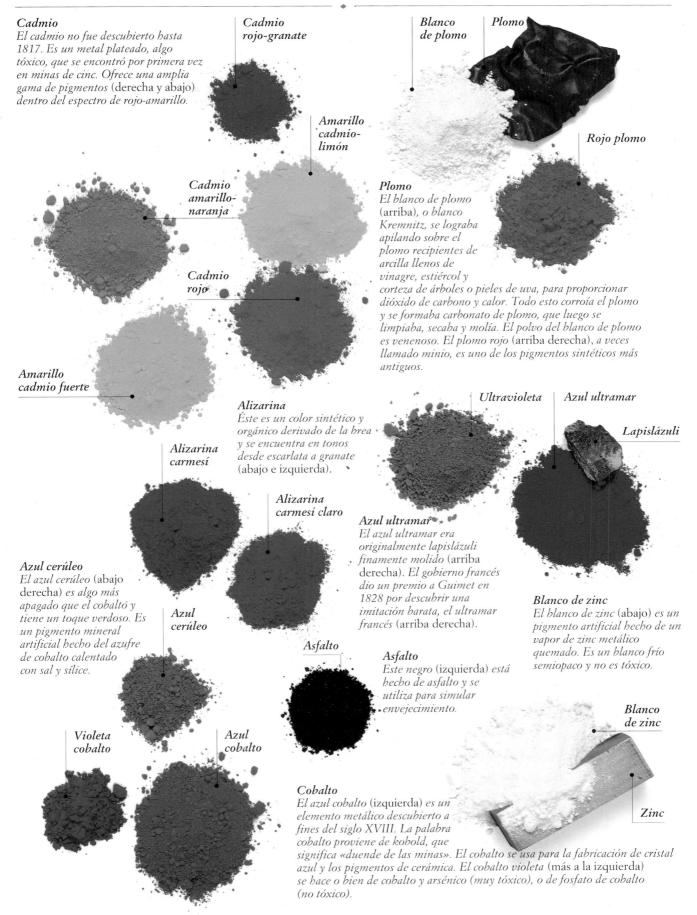

Cadmio
El cadmio no fue descubierto hasta 1817. Es un metal plateado, algo tóxico, que se encontró por primera vez en minas de cinc. Ofrece una amplia gama de pigmentos (derecha y abajo) dentro del espectro de rojo-amarillo.

Cadmio rojo-granate

Amarillo cadmio-limón

Cadmio amarillo-naranja

Cadmio rojo

Amarillo cadmio fuerte

Blanco de plomo

Plomo

Rojo plomo

Plomo
El blanco de plomo (arriba), o blanco Kremnitz, se lograba apilando sobre el plomo recipientes de arcilla llenos de vinagre, estiércol y corteza de árboles o pieles de uva, para proporcionar dióxido de carbono y calor. Todo esto corroía el plomo y se formaba carbonato de plomo, que luego se limpiaba, secaba y molía. El polvo del blanco de plomo es venenoso. El plomo rojo (arriba derecha), a veces llamado minio, es uno de los pigmentos sintéticos más antiguos.

Alizarina
Éste es un color sintético y orgánico derivado de la brea y se encuentra en tonos desde escarlata a granate (abajo e izquierda).

Alizarina carmesí

Alizarina carmesí claro

Ultravioleta

Azul ultramar

Lapislázuli

Azul ultramar
El azul ultramar era originalmente lapislázuli finamente molido (arriba derecha). El gobierno francés dio un premio a Guimet en 1828 por descubrir una imitación barata, el ultramar francés (arriba derecha).

Azul cerúleo
El azul cerúleo (abajo derecha) es algo más apagado que el cobalto y tiene un toque verdoso. Es un pigmento mineral artificial hecho del azufre de cobalto calentado con sal y sílice.

Azul cerúleo

Asfalto

Asfalto
Este negro (izquierda) está hecho de asfalto y se utiliza para simular envejecimiento.

Blanco de zinc
El blanco de zinc (abajo) es un pigmento artificial hecho de un vapor de zinc metálico quemado. Es un blanco frío semiopaco y no es tóxico.

Violeta cobalto

Azul cobalto

Blanco de zinc

Zinc

Cobalto
El azul cobalto (izquierda) es un elemento metálico descubierto a fines del siglo XVIII. La palabra cobalto proviene de kobold, que significa «duende de las minas». El cobalto se usa para la fabricación de cristal azul y los pigmentos de cerámica. El cobalto violeta (más a la izquierda) se hace o bien de cobalto y arsénico (muy tóxico), o de fosfato de cobalto (no tóxico).

43

Pigmentos vegetales

Los colores derivados de plantas no son técnicamente pigmentos, sino tintes fabricados con partes de plantas o con resinas exudadas de éstas. La diferencia es que el tinte se disuelve completamente en la sustancia de base, mientras que el pigmento, que es sólido finamente molido, queda suspendido en ella. Los egipcios encontraron una manera de disolver los tintes vegetales en agua y fijar el color para hacer un «lago». Las pinturas hechas de plantas normalmente tienen la palabra «lago» en su nombre, como lago escarlata, lago carmesí.

Los tintes de planta o lagos no son tan permanentes como otros pigmentos. Se utilizan mayormente para producir tintes de lana y otros tejidos, y en decoración,

para teñir madera o dar color a la cal. En general son demasiado inconsistentes para las pinturas de artista, pero han sido ampliamente empleados con fines decorativos. Las gomorresinas, como la de gutagamba, son resinas naturales derivadas de árboles, frutas y raíces y eran utilizadas para dar color a los barnices transparentes. Como los pigmentos, muchos colores de plantas se originan localmente. Hay recetas antiguas para extraer color hirviendo cortezas, frutos secos y raíces, mientras que otras combinan otros elementos.

Cinabrio (bermellón)
Es una resina rojo rubí en polvo (izquierda), *que se utiliza con frecuencia para colorear barnices.*

Virutas de sándalo
Estas virutas, derivadas de un árbol indio de la familia del sándalo (abajo derecha), *producen tintes que van desde un rojo amarillento hasta un rojo carmesí oscuro. El color depende del grado de acidez.*

Gutagamba
Esta gomorresina (izquierda) *de un amarillo rojizo, provenientes de Tailandia y la India, tiene un color muy diáfano que se descolora bajo una luz potente. Aun así, ha sido utilizada desde los tiempos medievales hasta el siglo XIX. Hoy en día, se sustituye casi siempre por el amarillo cobalto.*

Virutas de fustete
Estas virutas (derecha) *provienen de un pequeño árbol tropical americano. Con ellas se elabora un tinte amarillo. A pesar de su tono, el color se llamaba erróneamente rosa holandés, rosa marrón o rosa inglés.*

Carboncillo
Los carboncillos son ramitas de sauce y abedul carbonizadas (izquierda).

Corteza de bérbero
La corteza de bérbero (arriba) *hervida da uno de los pocos tintes amarillo fiables, porque es fuerte y bastante permanente.*

Virutas de palo campeche
Estas virutas (arriba) *provienen de la parte interior de este árbol de América Central y del Sur. Se utilizaron sin éxito para tinte de ropa en la Inglaterra del siglo XVI, y ahora se emplean para hacer tinte rojo para madera.*

Polvos de cato
Estos polvos (izquierda) *se extraen del interior del tronco de la acacia cato. Se hierve éste y, luego, el agua colada se deja evaporar y secar.*

Añil
El añil se obtuvo por primera vez del índigo, (abajo) *una planta que crece en la India, en China y en Europa. Ésta produce un tinte azul violeta transparente, utilizado principalmente para tejidos. Para hacer añil en polvo, se remojan las hojas en agua hasta que fermentan. Al secar, el extracto se torna en añil. Luego se lava, se hierve, y se seca.*

Planta del índigo seca

Cúrcuma
La cúrcuma (arriba), *es un extracto de un condimento que se utiliza como tinte y también para colorear barnices, aceites y ceras. Produce un luminoso e intenso amarillo bastante permanente.*

Amarillo indio
El amarillo indio es hoy en día un color obsoleto en su forma natural, aunque se fabrica sintéticamente (arriba). *Como alternativa se emplea el amarillo cobalto o el Hansa. Originalmente se extraía en la India de la orina de vacas nutridas a base de hojas de mango.*

Añil

Rubia
La rubia (abajo) *se encuentra en forma de raíz o polvo y da un color carmesí, rojo-azulado frío. Produce uno de los mejores tintes vegetales y ha sido ampliamente utilizado en tejidos y pinturas. El rojo cálido carmesí y el rosa carmesí, un delicado pero intenso rosa, se extraen de la planta pero no son permanentes. La raíz de rubia se utilizó como pintura hasta finales del siglo XIX.*

Onoquiles

Aceite teñido con onoquiles

Onoquiles
El onoquiles (arriba) *es una planta europea que produce un color carmesí subido. Para elaborar un buen aceite rojizo con el que restaurar la caoba o el palisandro, se envuelve un poco de raíz de onoquiles en un trapo de muselina y se deja en aceite durante una noche. Luego, se escurre bien la muselina para extraerle todo el tinte rojo, y ya se puede pasar el aceite por la madera a teñir.*

Rosa carmesí

Palitos de rubia

Raíces de rubia

Rojo carmesí

Paleta internacional

APARTE DE LOS COLORES derivados directamente de pigmentos, muchas pinturas actuales están inspiradas en los tonos de estampados de tejidos, vajillas y empapelados. De Oriente, productos como la porcelana azul, el jade verde Celadón, el chintz azul índigo, las vajillas chinas Famille Rose rosa-anaranjadas y el empapelado chino amarillo pálido han proporcionado al Oeste una gran riqueza de colores. Viajes a Grecia y Roma introdujeron los morados y violetas utilizados después en las tapicerías gobelinas y de Aubusson, y en la *toile de Jouy*. Las grandes fábricas de porcelana desarrollaron unos colores que las han hecho famosas, como el azul de Sèvres y azul gris de Wedgwood.

Influencias en los colores de pintura
Ésta es una colección de cartas de colores, tejidos y porcelanas, que muestran la influencia que las artes decorativas y algunos objetos han tenido en las paletas de pinturas actuales.

HC109

HC111

HC113

S I SE OBSERVAN los colores de las construcciones tradicionales en diferentes partes del mundo, en principio parece que hay grandes variaciones en cuanto al uso de pigmentos. Sin embargo, una inspección más detallada revela que básicamente se emplean los mismos pigmentos, pero de diferentes maneras. Varía el tipo de pintura, la combinación de colores y la manera de extraer los pigmentos.

Aparte del blanco, que aparece profusamente en todo el mundo, tanto en paredes como en ventanas y puertas, los colores más utilizados son los rojos tierra y los amarillos cálidos. Los pigmentos de tierra eran antes fáciles de obtener, baratos y abundantes. Cuando viajamos nos damos cuenta de que la naturaleza nos ofrece diferentes colores. Hay regiones en las que la tierra es de un rojo vivo, o las piedras son amarillentas; es probable que haya cerca depósitos de óxido rojo u ocre, fuentes de los pigmentos locales.

A veces, los colores se importaban y llevaban el nombre de su país de origen: rojo inglés, rojo español, rojo indio, ocre francés y tierra de Siena son to-

dos variaciones del óxido rojo o del pigmento ocre. El rojo inglés, por ejemplo, se importó a la Europa continental por ser un rojo particularmente claro y limpio, con tan sólo una pequeña traza del marrón tierra o púrpura manganeso que tienen otros óxidos rojos. Este pigmento también se utilizaba para colorear el encalado blanco, y el resultado es ese típico rosa dulce de las casas de campo inglesas.

Sur de Portugal
Este azul claro, posiblemente hecho con cal, del marco de la ventana y del listón que adorna la parte inferior de la casa, es típico de las viviendas portuguesas (arriba). *A menudo se combina con el encalado blanco o con un ocre rojizo o amarillento, como en este caso.*

México
Estas tres puertas de entrada de viviendas mexicanas están pintadas en colores vivos que reflejan la luz del día. Estas fotografías (abajo, izquierda y centro) muestran cómo, después de años de envejecimiento por el sol, las capas de pintura adquieren una hermosa pátina. El rosa luminoso de la pared (abajo derecha) es probablemente un pigmento sintético, pero el color original proviene del tinte hecho con cochinilla, un insecto que se halla en México y América Central y del Sur.

Egipto

La franja de pintura en la parte inferior de la casa (izquierda) es una característica de las viviendas de este país. Es la parte de la pared que más desgaste sufre y, por lo tanto, se repinta con frecuencia. El tono verde de cobre, en la puerta y ventana es uno de los muchos tonos que se encuentran en el norte de África.

Marruecos

En muchos países mediterráneos, incluyendo Marruecos, los pigmentos de tierra se mezclan a menudo con el mismo rebozado de la pared, dándole un color vivo que adquiere una atractiva pátina con el tiempo (izquierda). A veces, se frotan las paredes con una piedra redondeada antes de que se sequen, para darles un acabado más pulido.

El rojo indio, a veces llamado rojo persa, es un rojo oscuro amoratado con el que se fabrican los granates. En Australia, este color es común para la pintura de ventanas y puertas, a menudo en combinación con verde oscuro, crema o beige. El mismo color se encuentra también hoy día en Francia, en las casas de campo y hasta en los bistrós parisinos. El ocre y amarillo oscuro, en cambio, casi no se emplea para puertas y ventanas, pero sí para paredes, sobre todo en forma de beige pálido o crema, porque son poco potentes como tintes. Según las diferentes tonalidades de tales pigmentos, su procedencia, y según si se mezclan con cal, pintura de harina de centeno o aceite, el resultado puede variar desde marrón rojizo oscuro o mostaza a rosa pardo, anaranjado o crema.

El segundo grupo de colores utilizado con más frecuencia es el de los azules y verdes, que originalmente provenían del cobre. Se emplea sobre todo para puertas y ventanas, con excepción de los encalados con azulete en algunos países del Este, Grecia y Portugal. El pigmento de cobre más simple es el verdete, que, a pesar de su tendencia a ennegrecer con el tiempo, puede ser repintado a menudo para conservar su color. La fabricación antigua de verdete se centraba alrededor de Montepellier en Francia y esto es quizá la razón de que en esta zona del Mediterráneo haya aún tantos azules y verdes, claros y luminosos.

Ventana americana
Esta casa (arriba) *está pintada con óxido rojo. Este color se denomina casi siempre rojo inglés claro o, incluso, rojo Nueva Inglaterra, ya que es común en esta parte de la campiña americana.*

Casas inglesa y finlandesa
La casa finlandesa (abajo derecha) *está pintada con la clásica pintura cocida finlandesa, opaca y coloreada con pigmento ocre. El de la vivienda inglesa* (abajo) *es un pigmento similar, pero mezclado con el encalado, lo que le confiere un efecto menos intenso y más claro.*

Estados Unidos

*El rojo tierra oscuro
(arriba) de esta casa es
clara reminiscencia de la
pintura típica de Escandinavia, de donde procedían los
inmigrantes, que exportaron sus ideas sobre los colores. Si este
tono se mezcla con cal blanca se
convierte en un rosa tostado.*

Italia

*Las paredes de esta casa
veneciana están pintadas con
un encalado blanco mezclado
con el ocre rojizo local, que
produce un rosa suave, terroso
y desigual. Este mismo color se
emplea por toda Europa, en
diferentes tonos.*

Francia

*La puerta de esta cafetería
francesa (derecha) se ha
pintado de un color óxido rojo,
muy popular por toda Francia.
Se encuentra en una gama que
va desde un oscuro y
aterciopelado rojo granate a un
oscuro marrón chocolate.*

En Francia, encontramos azules claros y verdes ligeramente ácidos, mientras que en el norte de África son más comunes los verdes vivos. Los verdes oscuros y, en menor medida, los azules se ven sobre todo en el norte de Europa, donde se necesitan tonos oscuros que disimulen la suciedad. Son verdes que van desde un oliva claro a un botella oscuro casi negro, y azules algo opacos. En el pasado, los pigmentos azules de mala calidad se volvían verdes con el tiempo. Estos dos tonos también se utilizaron en Australia y América del Norte, cuando los primeros colonos llevaron consigo ideas y costumbres.

En el pasado, se emplearon asimismo otras técnicas de coloreado, como los tintes vegetales. Los granates azulados se elaboraban en el norte de Inglaterra con un liquen llamado orchilla y en Escandinavia con los zumos de frambuesa y arándano. La falta de recursos aguza el ingenio. Actualmente, en Basutoland, África, donde los habitantes son pobres, se combinan las técnicas antiguas con las nuevas. Las paredes interiores y exteriores se cubren con arcilla de diferentes colores. Luego, para decorarlas, las mujeres mezclan pigmentos en

polvo con el carbón de las baterías usadas y dibujan motivos sobre ellas.

Recientemente, ha habido una mayor concienciación de la importancia de la pintura. En partes de España no se permite pintar casas más que con el encalado blanco tradicional. Por todo el mundo, la gente se está dando cuenta de que los colores modernos, como el rojo vivo y el amarillo limón, se integran mejor en los edificios modernos, y que las viejas estructuras necesitan en cambio una paleta más tradicional.

Holanda
En Holanda, muchas casas están pintadas de un verde oscuro casi negro (abajo), *con porticones de distintos colores y diseños según la región.*

Polonia
Por todo el este de Europa hay casas pintadas como esta de Polonia (izquierda), *con un encalado teñido de azulete, mezcla de cobre, amoníaco y cal. Hoy en día existe alternativa más barata, que es el ultramar sintético.*

Francia

En Francia, las puertas y ventanas de madera están pintadas en colores que oscilan entre azules o verdes pastel (arriba) en el sur, y gris o azul-grises en el norte. Todos ellos combinados a menudo con un marrón rojizo oscuro.

Estados Unidos

Los colores típicos de los períodos colonial, federal y victoriano, en Norteamérica y Australasia tienden a reflejar una adaptación de los tonos populares británicos de la época (derecha). Son colores originalmente luminosos, que con los años se descoloran y ensucian un tanto.

Mezclas de color

MUCHAS PINTURAS comerciales para pared tienen nombres inspirados, pero que no dan ninguna pista sobre los respectivos tintes que les dan el color. Es difícil, pues, predecir con exactitud el tono que producirán al mezclarse. Sin embargo, los agentes colorantes y las pinturas para artistas se basan en pigmentos que han permanecido inalterados durante siglos. Éstos se emplean en la fabricación de pintura o para teñir barnices o cualquier otra base, con resultados más o menos predecibles, según la experiencia del que los maneje. Para aprender a mezclar colores, hay que experimentar primero con una gama limitada, con pequeñas cantidades y tomando notas sobre los resultados.

Mucha gente sabe que el verde se obtiene mezclando azul y amarillo, pero el resultado depende de qué azul y qué amarillo se utiliza. Algunos azules, como el ultramar, contienen rojo, y cuando se mezclan con un amarillo cadmio se tornan en un verde lóbrego. Para lograr un verde claro, hay que mezclar azul verdoso con amarillo verdoso. Si un color es muy intenso y oscuro, al mezclarlo con blanco se acentúan sus características y se pone de manifiesto si es cálido o frío. Si un color es demasiado chillón, se puede rebajar con un complementario o con un tono tierra, como el sombra natural. El azul se puede oscurecer con el naranja, y viceversa, porque son complementarios; y de la misma manera, el rojo con el verde o el amarillo con el morado. Si se usa el negro para oscurecer un color, éste se vuelve muy opaco.

Estas páginas muestran un número de colores clave que, mezclados con otros, proporcionan una amplia gama de tonos. Si utilizamos pintura acrílica o gouache, en lugar de óleo, habremos de comparar la correspondiente carta de colores, ya que a veces tienen diferentes nombres.

Azul-verde
El azul de Prusia es un azul verdoso intenso que parece casi negro, hasta que se utiliza con blanco de titanio o en forma diluida (abajo).

Azul brillante
El azul cerúleo es vivo y verdoso. Con blanco de titanio hace un azul pálido (abajo). *Mezclado con amarillo se torna en un verde claro.*

Azul gris cálido
El ultramar es un azul cálido. Si se mezcla con una pequeña cantidad de blanco de titanio y sombra tostada, se vuelve azul gris cálido.

Azul gris fresco
El azul cobalto es un semiazul con un trasfondo de verde. Aquí ha sido mezclado con blanco de titanio y sombra tostada, para hacer un azul gris frío.

Azúl cálido
El ultramar es el más cálido de los azules, y contiene una pizca de carmesí. Produce un azul claro cálido, cuando se mezcla con blanco de titanio (arriba).

Azul y su complementario
Aquí (derecha), *el ultramar se mezcla con su complementario, naranja y blanco de titanio, produciendo un azul gris claro.*

Amarillo tierra oscuro
Con tierra de Siena natural y blanco de titanio se obtiene un cálido color neutro de tierra (arriba), que es muy versátil y combina con una gran variedad de colores.

Negro y blanco
El negro y el blanco juntos producen un gris muy opaco (arriba). Mezclando colores complementarios y blanco se obtienen grises de diferentes matices.

Amarillo cálido
El amarillo cadmio (arriba) es vivo y fuerte. Combina bien con el azul cobalto para crear verde hierba y verde hoja.

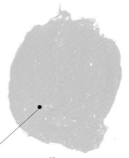

Amarillo y su complementario
La mezcla de los complementarios amarillo y morado crea tonos neutros que van del marrón al negro, según el tono exacto utilizado (arriba).

Marrón para mezclas
El color sombra tostada tiene un trasfondo verde que produce un gris neutro apagado cuando se mezcla con el blanco de titanio (arriba). Es adecuado para rebajar los colores demasiado vivos o cálidos.

Semiamarillo
Este amarillo cromo (arriba) es un semiamarillo que crea luminosos naranjas e intensos amarillos. Mezclado con amarillo ocre produce un color vivo.

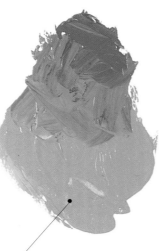

Un buen negro
El negro marfil es un negro amarronado muy denso. Es un color sorprendentemente cálido. El blanco de titanio acentúa su característica de espeso (izquierda), que no desaparece si no se lo diluye.

Amarillo frío
Éste (arriba) es un amarillo limón, algo verdoso y frío, que mezclado con azules cálidos crea verdes claros.

Un amarillo tierra claro
El ocre amarillo es el más claro de los amarillos tierra. Mezclado con óxido rojo produce un color naranja tierra (arriba).

Verde extraído del negro
El amarillo limón mezclado con negro produce un oliva oscuro (abajo), *que se puede aclarar añadiéndole blanco de titanio.*

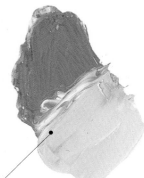

Verde tierra
El óxido de cromo, un color similar al verde tierra con un ligero tono de fondo amarillo, produce un opaco pero particular verde gris cuando se mezcla con blanco de titanio (arriba).

Verde marronoso
El óxido de cromo mezclado con sombra natural produce un verde musgo oscuro (arriba). *Se utiliza el color sombra natural en lugar del negro, ya que éste tiende a apagar el color.*

Verde y su complementario
Aquí (abajo), *un toque de rojo cadmio (el color complementario del verde) se ha añadido para oscurecer este verde medio. La diferente proporción de rojo y verde altera el grado de luminosidad de la mezcla.*

Verde medio
Éste (derecha) *no es un auténtico pigmento verde medio. Algunos fabricantes lo elaboran utilizando azul y amarillo.*

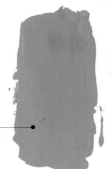

Verde medio pálido
El verde medio y el blanco de titanio producen un verde limpio y frío (arriba).

Azul nítido
El verde cianino ftálico, el azul cerúleo y el blanco de titanio producen un color turquesa muy limpio (abajo).

Verde barro
El verde cianino ftálico (o ftalo cianina) y el amarillo ocre producen un verde embarrado (derecha).

Verde azulado pálido
El verde cianino ftálico mezclado con un poco de sombra natural y blanco de titanio produce un color gris aguamarina (abajo).

Verde frío
Ésta es una mezcla de azul de Prusia y amarillo limón que resulta en un verde claro y frío.

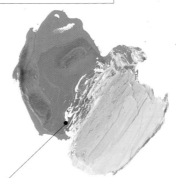

Rojo tierra anaranjado
El color tierra de Siena tostada, un rojo tierra rico y cálido, produce un naranja claro cuando se mezcla con blanco de titanio (arriba), *y es muy apropiado para las mezclas de azules y verdes.*

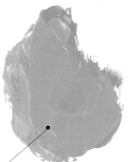

Rojo cálido
El bermellón es un rojo amarillento vivo que produce un naranja limpio y natural cuando se mezcla con amarillo medio o amarillo cálido (arriba).

Rojo medio tierra
El óxido rojo, también llamado rojo inglés o rojo claro, produce un rosa frío cuando se mezcla con el blanco de titanio (arriba).

Rojo intenso
El rojo cadmio mezclado con sombra tostada transforma el rojo en un color más cálido, intenso y vibrante (arriba).

Rojo medio
El rojo cadmio (arriba) *es un rojo medio fuerte y cálido. Es útil para mezclas de naranjas y marrones cálidos.*

Rojo y su complementario
El rojo y el verde son colores complementarios (abajo), *que producen una gama de marrones y neutros cuando se mezclan. Añadiendo blanco de titanio en diferentes proporciones se obtienen neutros más o menos cálidos.*

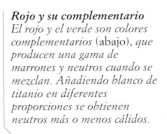

Rojo frío
El carmesí alizarina (abajo) *es un rojo azulado fuerte adecuado para obtener morados y granates, mezclado con ultramar. Con blanco de titanio se convierte en rosa bebé.*

Rojo tierra frío
El rojo indio es un color tierra, que muestra su tono ciruela sólo cuando se mezcla con blanco de titanio (arriba).

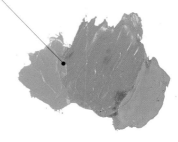

Rojo tierra frío
Con Caput Mortuum, *que significa «cabeza muerta», mezclado con blanco de titanio se obtiene un tono alilado* (izquierda).

Técnicas
del pintor
de interiores

• Yeso • Cola y pegamento •
• Pintura sencilla •
• Pintura sencilla al aceite •
• Encalado • Lechada • Esmaltes •
• Pinturas de caseína •

A LO LARGO DE LA HISTORIA han existido dos niveles de técnicas de pintado de paredes. Uno es el de los trabajos refinados, normalmente para casas palaciegas, llevados a cabo por artesanos especializados que utilizaban materiales de calidad. El otro es el de los trabajos populares, efectuados por los campesinos para sus propias viviendas, que empleaban pinturas baratas, adquiridas en los mercados locales. En muchas ocasiones fabricaban ellos mismos las pinturas, con fórmulas que se transmitían de generación en generación. A veces, contrataban a un artesano ambulante, a quien le daban pensión completa a cambio de su trabajo.

La pintura se elaboraba con materiales locales, como cal y yeso, con los que se obtenía una pintura eficaz y barata. Antiguamente, como parte de la limpieza anual que se hacía en la primavera, las paredes, puertas y ventanas se pintaban con cal, que es un poderoso desinfectante. Se aplicaba asimismo en las cuadras y los cobertizos. El yeso se extraía de fosas locales, y se añadía a la cola, elaborada con huesos y piel de animales. El yeso es un componente de la lechada o temple, que tanto se utilizaba para la pintura de interiores de las grandes mansiones.

Otros ingredientes caseros, también comunes en la elaboración de pinturas, eran la leche, la avena y los huevos, que luego se coloreaban con pigmentos de tierra de la región. En América, los primeros colonos se fabricaban la pintura con leche y cal mezcladas. También usaron otras fórmulas más exóticas, adoptadas de los indios nativos, como por ejemplo la compuesta de huevos de salmón.

A partir del siglo XVI, tanto los propietarios de las grandes mansiones como los artesanos se empezaron a preocupar por el arte de pintar interiores con pigmentos molidos en aceite. La arquitectura de interiores sufrió grandes cambios que afectaron no sólo a las grandes mansiones y palacios, sino también a las casas más modestas. Se diseñaban espléndidos interiores, de techos pintados con la tradicional lechada/temple y paredes con paneles de madera adosados, que luego se decoraban al óleo. Otros materiales de la época para recubrimiento de paredes incluyen el empapelado con relieves, el empapelado oriental pintado a mano

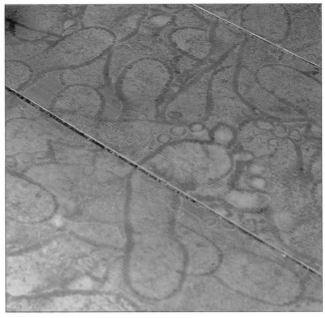

Antiguamente, el pintor de casas, especialmente en las áreas rurales, tenía más habilidades que sólo la de pintar. Este suelo está decorado con una técnica típica de los suelos holandeses. Primero, se aplica un color claro; cuando está seco, se aplica un esmalte transparente al aceite con un baño de color más oscuro. Si se camina descalzo sobre el suelo recién esmaltado mientras se está secando, se crea un diseño interesante de manchas y óvalos.

con motivos de pájaros y flores, el damasco, el terciopelo y los cuadros de artistas.

La pintura al aceite se fabricaba con distintos tipos de aceites, según la disponibilidad y el área. En la Francia de los siglos XVIII y XIX, se utilizaba aceite de adormidera (del opio, no de la amapola de Flandes). En Inglaterra, el aceite de linaza era el más común, y para trabajos de calidad se utilizaba el aceite de nueces. La pintura al aceite tradicional está compuesta de aceite de linaza crudo, pigmento, un disolvente (la esencia de trementina fue el primero y el único durante muchos años) y secantes. Los fabricantes de pinturas refinaron el aceite de linaza y añadieron resinas para conseguir más brillo.

A las casas irlandesas (izquierda) *se les daba una capa de encalado o blanqueado anualmente, antes del Corpus Christi. Ésta era la fecha en la que terminaba la limpieza de primavera, cada año.*

La brea de Estocolmo (derecha), *un tipo de brea de madera, se utilizaba como capa protectora en las casas escandinavas, alemanas y holandesas, en sustitución de la grasa de cerdo anteriormente empleada.*

Estos dos pinceles (izquierda) *han cambiado poco con el paso de los años. El grande está fabricado con fibras vegetales y se usa para encalar porque resiste bien la cal. El pincel de cerda pequeño es de diseño típico europeo y se usa para pintar al aceite.*

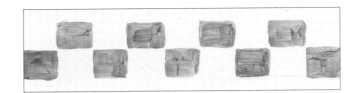

Esta franja (izquierda) *está pintada al estilo de los pintores del norte de Europa, con un pincel cuadrado y plano, y con una pintura sencilla compuesta de leche cuajada y pigmento.*

Con la mezcla de resina y aceite, a veces llamada Megilp, se obtenía una pintura de brillo duro.

El aprendizaje de los pintores profesionales estaba en manos del gremio de artesanos. A los pintores de casas se les llamaba pintores de brocha gorda o pintores de pared, para distinguirlos de los artistas que pintaban cuadros utilizando pinceles más finos. Los pintores de brocha gorda dominaban varias técnicas, entre ellas, la imitación de mármoles y maderas.

Tanto el pintor como el decorador fabricaban su propia pintura en el taller, moliendo los pigmentos y mezclando los ingredientes básicos. El pigmento se trituraba con moleta y una piedra de moler. Luego, lo colocaban sobre una losa de mármol y lo mezclaban meticulosamente con aceite de linaza, utilizando una espátula. Era una manera laboriosa de mezclar pintura y sólo se podía conseguir una cantidad relativamente pequeña, pero la pintura tenía mucho valor y el pintor utilizaba pequeñas cantidades.

A finales del siglo XVIII, la demanda para todo tipo de pinturas había aumentado hasta tal punto, que valía la pena fabricar pintura para otros. Existen documentos que describen una pintura elaborada con aceite más plomo blanco y azul de Prusia, laboriosamente molidos a mano o con molinillo. En 1769, John Gore de Boston anunciaba «pintura amarilla, roja y negra de alta calidad, producto y fabricación norteamericanos». Sin embargo, no es hasta los años 20, que las pinturas prefabricadas se popularizan.

A mediados del siglo XIX aparecieron molinos más industriales que podían moler hasta 25 kilos de pintura al día. Estos molinos permanecieron en uso hasta principios del siglo XX. La pureza de la pintura se medía por la cantidad de veces que pasaba por el mo-

lino. Este trabajo lo hacía el aprendiz más joven. Las fórmulas de los pigmentos molidos, los medios o vehículos, y los varios aditivos que secaban la pintura estaban recogidos en gran variedad de manuales con meticulosas instrucciones.

Durante esta época y los siglos anteriores, el plomo blanco era la base principal de muchos colores, como hoy en día lo es el óxido de titanio. Los antiguos griegos fabricaban plomo blanco por un proceso de amontonar. El plomo ordinario se sellaba en recipientes de barro con una solución débil de vinagre. Los recipientes se dejaban amontonados durante tres meses, alternados con estiércol o corteza de árboles,

Aquí (izquierda) *mostramos la manera correcta de coger el pincel para pintar de manera entrecruzada, que es la mejor técnica para extender uniformemente la pintura.*

que producían dióxido de carbono y calor. El vapor del vinagre y la corteza fermentada convertían el plomo en plomo blanco.

En la Inglaterra del siglo XVI, el pigmento de plomo rojo se hacía calentando el plomo blanco, que se convertía en amarillo-naranja y luego en rojo. La pintura se llamaba «letargia», por los síntomas de las intoxicaciones que el plomo producía a los trabajadores. El plomo rojo se utilizaba como imprimación y pigmento.

Actualmente, la materia colorante se muele con rodillos de acero, y queda tan fina que más que pigmento puede considerarse tinte. Ésta es la razón por la cual las pinturas modernas tienen colores tan uniformes. Las superficies pintadas con las pinturas antiguas elaboradas por los artesanos quedaban siempre desiguales, no sólo por cómo se daban los brochazos sino también por la tosquedad del molido de sus pigmentos. El resultado era muy distinto al de las pinturas mates y satinadas de nuestros días.

Yeso

EL ATRACTIVO enyesado rojizo para paredes y otros métodos de decorar el yeso, encuentran su inspiración en los acabados típicamente mediterráneos, de tonos que el sol y la lluvia han envejecido.

Las paredes de yeso antiguas estaban y están fabricadas con cal y arena. Con frecuencia se les aplicaba una capa más dura con una base elaborada a partir de pelo de caballo o algún material similar, antes del acabado, más suave y fino. El yeso clásico de cal es particularmente útil para las casas que han sido construidas sin aislamiento para la humedad, ya que permite que ésta se evapore de forma natural. Tanto una capa de encalado como de lechada/temple es conveniente en estos casos; ambos son impermeables y no se desconchan ni se agrietan.

El yeso moderno se encuentra en dos acabados: uno para igualar superficies y otro más fino. Las paredes recién enyesadas que se van a sellar con cera o barniz, o se van a decorar con una pintura no porosa, como por ejemplo el látex/vinilo, se deben dejar secar como mínimo seis semanas. La humedad continúa evaporándose durante seis meses. Cuanto más tiempo se dejen secar, mejor. Se calcula que las superficies interiores enyesadas, de una casa recién construida de tamaño normal, contienen más de una tonelada de agua. Si se sellan antes de hora con cera, barniz o pintura no porosa pueden surgir muchos problemas.

Una pared recién enyesada es extremadamente porosa y debe ser encolada o preparada con una pintura fina, un acrílico polivinílico/APV o una cola. Una solución de agua y acrílico polivinílico/APV a partes iguales es fácil de aplicar y se seca rápidamente. Como alternativa, se puede emplear una solución de cola de conejo o de pintura muy fina como imprimación. La imprimación puede ser una versión diluida de la pintura definitiva.

Materiales y utensilios
Éstos son los materiales utilizados para los efectos sobre yeso aquí mostrados, aunque se pueden usar muchos más materiales. Son incontables los efectos que pueden crearse sobre una superficie de yeso. Empiece experimentando sobre superficies pequeñas.

Cera transparente comercializada

Polvo de bronce

Cera oscura

Polvo perla brillante

Cera transparente de abeja

Violeta

Rojo ocre

Brocha

Azul ultramar

Sombra natural

Estropajo fino de acero

Esmalte natural transparente al aceite de linaza

Acrílico polivinílico/APV

Trapo para aplicar polvo de bronce

Mezcla de cola de caseína, violeta y blanco de titanio

El yeso se encuentra en varios colores: rosa pálido y oscuro, blanco y gris son los más comunes. Cualquiera de ellos puede terminarse con una última capa muy fina. También es posible añadirle pigmento al yeso para conseguir un color más permanente.

El yeso no tiene que ser plano y liso. Puede tener una superficie áspera, desigual u ondulada que recuerde a las antiguas casas de campo. Para obtener este tipo de superficie se puede omitir la capa final, o bien aplicar una mezcla de arena gruesa y argamasa con una paleta de yesero.

Si se tiene la suerte de tener paredes antiguas de cal o de yeso, que tan comunes fueron en Europa y Norteamérica, se deben restaurar y preservar. Si se tiene otro tipo de paredes antiguas, se pueden renovar aplicando baños de color. Tradicionalmente, esto se hacía con una capa de esmalte transparente sobre cualquier pintura al aceite para paredes. La pintura debe ser manipulada, utilizando una brocha o trapos. Cuando está todavía algo húmeda al tacto, se le pasa un trapo limpio por encima, para eliminar sólo la pintura de las zonas más sobresalientes. Esta operación hay que hacerla de manera «cuidadosamente descuidada».

La ventaja de muchas de las técnicas aquí mostradas es que pueden ser baratas, rápidas, flexibles y fáciles de aplicar, según en qué estado se encuentra la pared. A los colores y tratamientos de pinturas siempre se les puede añadir un baño que altere el color, el tono o el brillo. Una manera rápida y fácil consiste en hacer la mezcla del baño en un cubo y aplicarlo con trapos grandes de algodón o esponjas. Se pueden asimismo utilizar brochas grandes, como por ejemplo las de empapelar.

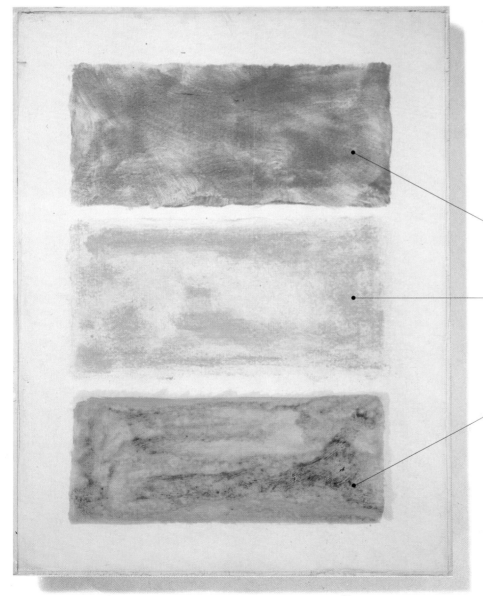

Yeso gris
Este yeso (izquierda) es el más frío de todos los yesos, así que la gama de colores gris/azules es la más apropiada para colorearlo. Se le puede añadir algún tono cálido, como por ejemplo, un baño de pigmento rojo indio.

Azul ultramar
Aquí se aplicó con un pincel humedecido en agua una mezcla de pigmento azul ultramar y esmalte transparente de aceite de linaza (arriba).

Cera transparente
El yeso gris se cubrió con una cera normal y sin color (centro).

Acrílico polivinílico/APV
Aquí se muestra el efecto de la aplicación de un baño de acrílico polivinílico/APV con color sobre el yeso gris (abajo).

Se pueden probar los diferentes acabados de pintura y si no resultan, quitarlos antes de que se sequen. Los colores pueden ser rascados con tacos de madera y papel de lija seco, o alternando lija mojada y seca. Este proceso es sorprendentemente rápido, incluso para paredes grandes. Se pueden alterar los colores, cubriéndolos con un esmalte transparente de aceite más esencia de trementina y una pintura al óleo, o bien con acrílico polivinílico/APV o un esmalte al agua más una pintura al agua. Estos baños de color se pueden hacer también con pigmento y agua siempre y cuando se sellen después con un barniz para evitar que el pigmento se desprenda.

Si se utiliza acrílico polivinílico/APV en la mezcla, la permanencia de la capa dependerá de la cantidad empleada. A más cantidad de acrílico polivinílico/APV, más impermeable será la superficie. Por ejemplo, una capa con poca cantidad de acrílico poliviní-

lico/APV es resistente el tacto pero no al agua. Tiene sus ventajas porque siempre se puede quitar fácilmente lavándola, pero no es recomendable para cuartos de baño. Para hacerla más resistente, hay que cubrirla con un barniz acrílico. Algunas de las ceras que aquí mostramos son blandas y no sirven para todas las situaciones. Hay otras alternativas de acabado, como el barniz laca y el barniz normal.

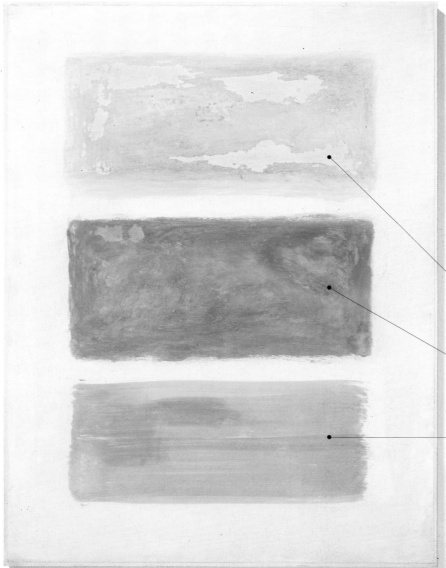

Esgrafiado
El esgrafiado (arriba) es una de las técnicas de la pintura al fresco. El pigmento se mezcla con la argamasa en la capa final. Se aplica masilla de cal sobre la superficie, y cuando está casi seca, se rasca para que salga la capa de color.

Yeso rosa pálido
Este yeso (izquierda) es de un agradable color cálido, así que simplemente añadiéndole un sellador transparente ya queda bien. También es lo suficientemente claro como para servir de fondo para gran variedad de colores.

Cera transparente de abejas
Aquí se ha aplicado primero una capa de cera de abejas que luego se ha frotado con un trapo de algodón y con un estropajo de acero.

Cera oscura
Aquí se ha puesto una capa de cera oscura, que imita el color del olmo.

Pigmento ocre rojo
Aquí se ha aplicado una mezcla de pigmento rojo ocre, acrílico polivinílico/APV y agua, sobre yeso sin preparar.

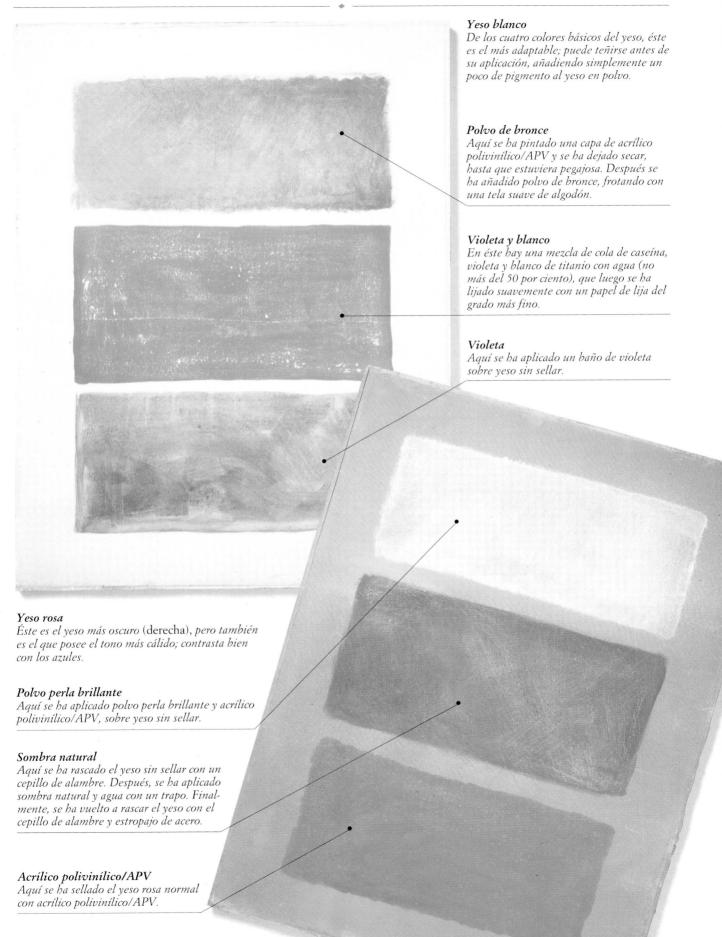

Yeso blanco
De los cuatro colores básicos del yeso, éste es el más adaptable; puede teñirse antes de su aplicación, añadiendo simplemente un poco de pigmento al yeso en polvo.

Polvo de bronce
Aquí se ha pintado una capa de acrílico polivinílico/APV y se ha dejado secar, hasta que estuviera pegajosa. Después se ha añadido polvo de bronce, frotando con una tela suave de algodón.

Violeta y blanco
En éste hay una mezcla de cola de caseína, violeta y blanco de titanio con agua (no más del 50 por ciento), que luego se ha lijado suavemente con un papel de lija del grado más fino.

Violeta
Aquí se ha aplicado un baño de violeta sobre yeso sin sellar.

Yeso rosa
Éste es el yeso más oscuro (derecha), pero también es el que posee el tono más cálido; contrasta bien con los azules.

Polvo perla brillante
Aquí se ha aplicado polvo perla brillante y acrílico polivinílico/APV, sobre yeso sin sellar.

Sombra natural
Aquí se ha rascado el yeso sin sellar con un cepillo de alambre. Después, se ha aplicado sombra natural y agua con un trapo. Finalmente, se ha vuelto a rascar el yeso con el cepillo de alambre y estropajo de acero.

Acrílico polivinílico/APV
Aquí se ha sellado el yeso rosa normal con acrílico polivinílico/APV.

Cola y pegamento

EL PEGAMENTO O COLA tiene dos utilidades: se emplea como vehículo para la elaboración de pintura, por ejemplo, en la lechada/temple suave, y como selladora para una superficie demasiado porosa, antes de pintarla. Debido a su maleabilidad, fue un material básico en los talleres de los pintores de casas, pero hoy en día ha sido sustituida en gran parte por la pintura de imprimación y otras pinturas fabricadas. Para preparar una superficie antes de la pintura, se utiliza tanto la imprimación como la cola. La mayor diferencia entre las dos es que la imprimación es una pintura y por lo tanto opaca, mientras que la cola es transparente. Una u otra, según el tipo de acabado que vaya a aplicarse, es necesaria para sellar una superficie porosa, que de otro modo absorbería demasiada pintura. Una cola al plástico como el acrílico polivinílico/APV se adecua a las modernas pinturas de látex y vinilo. Un experto que vaya a utilizar lechada/temple ligera, una pintura compuesta de blanqueado y cola, sellará primero la pared con una cola diluida. Ésta le servirá de vínculo entre la pared y la pintura, y asegurará una adhesión duradera. Es una operación similar a la que se efectúa cuando se encola la pared con una capa fina de pega de empapelado, antes de colocar el papel. Tanto el yeso fresco como la madera sin tratar son muy porosos y deben ser sellados de una forma u otra.

Todas las colas clásicas son de origen animal. La de uso más frecuente se fabrica con huesos y piel de animales. La cola de conejo es la más fácil de encontrar, y es particularmente popular entre los doradores, ya que es un ingrediente esencial del gesso (véanse páginas 90-93). La cola de ternera es como la cola de conejo, pero menos flexible y más rara.

Acrílico polivinílico/APV
El acrílico polivinílico/APV (derecha) es un pegamento moderno muy flexible. Se puede usar como aglutinante para pintura, barniz de laca o cola. Parece blanco pero cuando se seca es transparente y brillante. También se utiliza como sustituto de resinas de polímero en la fabricación de pinturas baratas para niños.

Cola de pescado
El pescado se ha utilizado con frecuencia para la fabricación de pegamentos fríos. Aunque no es tan permanente o efectiva como las de huesos o pieles de animales, la cola de pescado puede utilizarse fría, que siempre es una ventaja. La mejor clase de cola de pescado (arriba izquierda) es la fabricada con la vejiga del esturión. Es cara y se usa para trabajos delicados, como el de la aplicación de dorado.

Cola de caseína
Ésta (arriba) es una cola láctica pura de caseína para emulsiones y para aglutinar pigmentos. También se puede usar para encolar maderas antes de decorarlas con pintura de caseína.

Cola de perla
Esta cola barata de animal (izquierda) se llama cola de perla por su aspecto. También se conoce como cola escocesa. Antes de usarla, hay que ponerla en remojo 3 horas.

La elaboración de cola requiere tiempo. Se puede comprar en gránulos o en láminas, pero es más difícil calcular las proporciones adecuadas en estas últimas. Primero se ha de dejar en remojo, en agua fría, para que se dilate, y luego se añade más agua. Las proporciones normales son: 1 parte de cola por 20 partes de agua. Se calientan los gránulos hasta que se derriten en forma de un líquido pegajoso. La cola de animal no debe hervir, porque se volvería quebradiza.

No todas las colas necesitan calor para derretirse; a algunas no les hace falta, como a las elaboradas a base de pescado. La cola de animal se puede guardar en la nevera durante una semana antes de que se pudra. Si se espesa demasiado en la nevera, puede rebajarse con algo de agua.

El tipo de cola más adecuado depende mucho de su aplicación. Las colas más caras y de mejor calidad, como las láminas de gelatina, se utilizan normalmente para los trabajos más delicados, dado que proporcionan un acabado más suave y fino, y son casi completamente transparentes. Las colas de animal más comunes y menos refinadas tienen un poco de color y se utilizan para trabajos más toscos como el encolado de paredes que vayan a pintarse con lechada/temple.

Las colas y los médiums de acrílico polivinílico/APV también se pueden utilizar como pegamentos. De hecho, la cola es una forma refinada de pegamento. El equivalente moderno de las colas es el médium de vinilo de polímero que normalmente se vende como pega para artesanías. Sin embargo, éste no tiene la flexibilidad de las colas tradicionales y no se fabrica con materiales naturales.

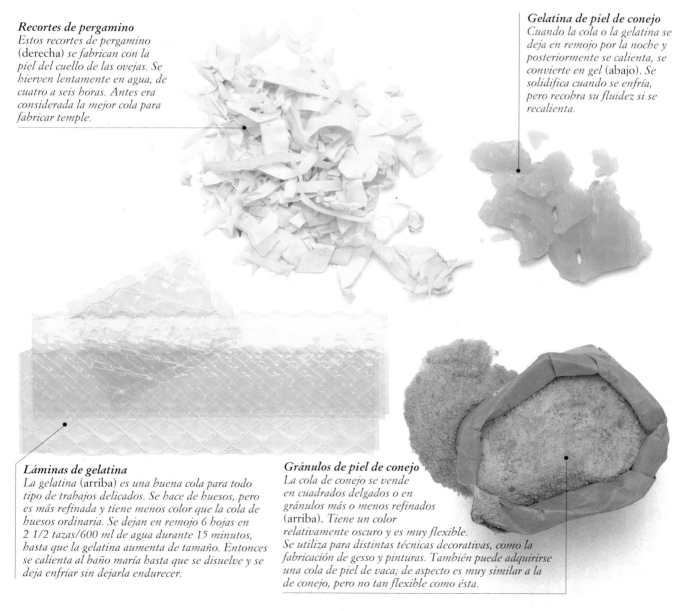

Recortes de pergamino
Estos recortes de pergamino (derecha) se fabrican con la piel del cuello de las ovejas. Se hierven lentamente en agua, de cuatro a seis horas. Antes era considerada la mejor cola para fabricar temple.

Gelatina de piel de conejo
Cuando la cola o la gelatina se deja en remojo por la noche y posteriormente se calienta, se convierte en gel (abajo). Se solidifica cuando se enfría, pero recobra su fluidez si se recalienta.

Láminas de gelatina
La gelatina (arriba) es una buena cola para todo tipo de trabajos delicados. Se hace de huesos, pero es más refinada y tiene menos color que la cola de huesos ordinaria. Se dejan en remojo 6 hojas en 2 1/2 tazas/600 ml de agua durante 15 minutos, hasta que la gelatina aumenta de tamaño. Entonces se calienta al baño maría hasta que se disuelve y se deja enfriar sin dejarla endurecer.

Gránulos de piel de conejo
La cola de conejo se vende en cuadrados delgados o en gránulos más o menos refinados (arriba). Tiene un color relativamente oscuro y es muy flexible. Se utiliza para distintas técnicas decorativas, como la fabricación de gesso y pinturas. También puede adquirirse una cola de piel de vaca; de aspecto es muy similar a la de conejo, pero no tan flexible como ésta.

Pintura sencilla

Hasta mitad del siglo XVIII, cuando las fábricas empezaron a manufacturar pintura, ésta se hacía en casa con sus ingredientes básicos, o bien se compraba a los vendedores ambulantes. La pintura se puede fabricar de cualquier cosa que se adhiera a una superficie. Esto se descubrió en la Prehistoria y sigue vigente.

La materia adhesiva de la pintura es la base aglutinante, vehículo o medio. Los aglutinantes más eficaces son los transparentes, que se adhieren al substrato y se secan en un período razonable. Además tienen que ser duraderos, y no desconcharse ni agrietarse. Muchas pinturas antiguas se fabricaban con aglutinantes insólitos. Pliny menciona que había pinturas de pared antiguas compuestas de leche y huevos, dos sustancias que algunos pintores actuales todavía utilizan. Componentes más extraños aún incluyen la cerveza (que todavía se usa en el veteado), el vinagre, el vino y el líquido lechoso de la higuera. Pocos de estos materiales por sí solos hacen una pintura duradera. A lo largo de la historia, los pintores han probado distintas combinaciones en la búsqueda de una pintura mejor, más resistente y duradera.

Antiguamente, la pintura se fabricaba con los ingredientes que se encontraban con mayor facilidad. En América, la gente del campo copiaba a los indios que utilizaban los huevos de salmón y la corteza de cedro. Es de suponer que la madera de cedro producía resinas y que los huevos de salmón eran pegajosos.

No hay demasiada documentación sobre las fórmulas de las pinturas antiguas. Éstas pasaban de padres a hijos. Los pintores medievales formaban gremios y guardaban celosamente el secreto profesional, para protegerse. Hasta el siglo XVII, no apareció información escrita sobre las pinturas de interiores.

Existe una diferencia entre la pintura de calidad y la pintura corriente.

La gente del campo utilizaba los materiales que tenían a mano, como la leche, la avena y los huevos, así

CÓMO ELABORAR PINTURA DE LECHE

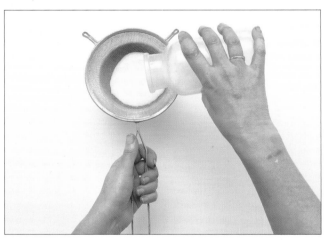

Pintura simple de leche
Se puede fabricar una pintura muy simple de leche desnatada cuajada (izquierda). La leche debe permanecer a temperatura cálida hasta que se corte. Aquí (abajo) se ha aplicado una pintura simple de leche con pigmento verde cromo a una superficie de yeso, y ha permanecido inalterada durante dos años. Puede sorprender que muchas pinturas modernas desarrolladas con todas las ventajas de la tecnología del siglo XX no duren tanto como las pinturas tradicionales caseras.

1 *Cuele la leche cortada con un colador fino, para separar la cuajada del suero. Puede también colarla con una gasa.*

como el yeso y la cal de la tierra. En Finlandia, todavía se fabrica una pintura idéntica a la de hace siglos. Es un tipo de lechada/temple que lleva una base aglutinante de fécula. Hay documentos de su uso que la sitúan en la Edad Media, aunque las fórmulas que existen datan de mediados del siglo XVIII. Se fabrica con una cola vegetal, de harina de trigo, hervida durante varias horas. Al igual que la lechada/temple, hecha de cola animal, permite que la superficie «respire». Este tipo de pintura puede durar hasta 30 años, un tiempo considerablemente más largo que el de las pinturas modernas, porque no se desconcha, sino que se desgasta gradualmente.

Es importante reconocer que la pintura fabricada en casa es todavía bastante imprevisible. Durante las últimas décadas, los fabricantes de pinturas se han concentrado en producir pinturas uniformes en color y textura. En general, conocemos la duración y la calidad de la pintura que compramos.

La manera más simple de elaborar pintura en casa es con leche desnatada. Se deja fuera de la nevera hasta que se agria; la bacteria ayuda a la formación de ácido láctico, y éste produce la caseína. La caseína es una proteína de la leche y constituye un buen aglutinante para la pintura. Cuando la leche se ha cortado, se separa la cuajada del suero. El suero se puede tirar, y la cuajada se puede transformar en pintura añadiéndole pigmento. A la pintura de leche elaborada sólo con cuajada, se le puede añadir un *ingrediente específico* para prevenir la formación de moho, como unas gotas de aceite de clavo o de espliego. Es una pintura muy fácil y barata de elaborar. Todavía se usa en algunas regiones remotas del campo, sobre todo para exteriores.

El poder aglutinante de la leche desnatada es bajo, dado que sólo contiene una proporción pequeña de caseína. Pinturas de caseína o leche más duraderas y consistentes, con algo de cal, amoníaco o bórax en su composición, se fabrican comercialmente para artistas, decoradores y pintores.

2 *Vierta la cuajada en un bol. Tendrá la apariencia de un yogur, y puede estar ligeramente grumosa.*

3 *Añada una cantidad pequeña de pigmento, en este caso es verde cromo, y remueva a fondo para mezclarlo. Añada pigmento hasta conseguir el tono deseado.*

Pintura sencilla al aceite

HASTA EL SIGLO XX, la pintura se fabricaba con materiales casi exclusivamente de origen vegetal, aparte del contenido mineral y de plomo de algunos pigmentos. Las pinturas clásicas tienen una textura completamente distinta a las modernas. Aquéllas penetraban en la madera, mientras éstas crean una capa que eventualmente se agrieta y desconcha.

La mayor parte de las capas protectoras utilizadas en el pasado provenían del material disponible en cada zona geográfica. En la Holanda del siglo XVI, los edificios de madera estaban protegidos con grasa de cerdo, que amarilleaba la madera. La grasa se derretía sobre una turba al rojo vivo y se aplicaba con brochas enormes. La grasa de ballena, y más adelante la brea sueca, conocida como brea de Estocolmo, se usaban para proteger los exteriores de los edificios de madera, particularmente en el norte de Europa.

El aceite más común en la fabricación de pintura es el de linaza, aunque puede emplearse cualquier aceite vegetal, siempre y cuando sea un aceite secante. El aceite de oliva, por ejemplo, no es adecuado porque no se seca. El aceite de linaza hay que refinarlo, y luego agregarle resinas naturales para que la pintura se extienda mejor, se seque antes y tenga más brillo. En los siglos XVIII y XIX, los franceses utilizaban aceite de adormidera (opio); los ingleses, aceite de linaza para los trabajos más corrientes y aceite de nueces para los más delicados. Los americanos preferían el aceite de cacahuete.

La mezcla de resina y aceite se llegó a conocer como barniz, y la pintura hecha a partir de éste, pintura al barniz, y más adelante, «pintura de brillo duro».

Para fabricar aceite de linaza, se muelen las semillas de la planta de lino, se calientan, y se prensa el aceite con mucha fuerza. Esto produce aceite de linaza crudo que «madura» y está listo para usar como aglutinante, pasados los tres meses. Se puede mejorar la calidad del aceite de linaza, blanqueándolo o hirviéndolo. El aceite de Stand es aceite de linaza que ha sido calentado a 300 °C, y tiene mucho brillo y gran durabilidad.

Se puede hacer un tipo de pintura muy simple al aceite utilizando sólo aceite de linaza, esencia de trementina y pigmento. La pintura aquí mostrada se hizo con aceite de linaza hervido como vehículo secante. Mientras se elabora la pintura, hay que remover la mezcla constantemente, para que absorba todo el pigmento. Antes, para producir grandes cantidades, este proceso se hacía con una bola de hierro que rodaba dentro de una gran olla colgada de cadenas. La pintura se convierte en un medio fluido añadiendo aceite de linaza crudo, y en una pintura fluida con la esencia de trementina. La consistencia final se parece a la del chocolate caliente. Se comprueba la densidad extendiendo la mezcla con un pincel. Si la pintura queda grumosa, es porque falta esencia de trementina. La pintura debe ser suficientemente fina, pero no demasiado fluida. Es mejor aplicar varias capas, y mejor aún aplicarlas alternando capas gruesas (ricas en aceite) y finas. Es importante que la pintura tenga la consistencia adecuada y que no se formen grumos.

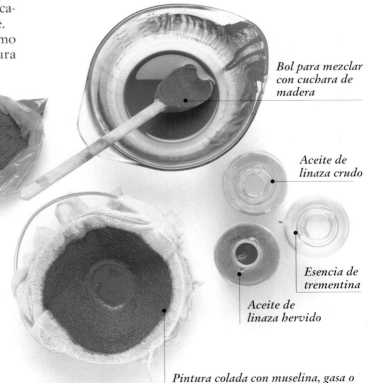

Bol para mezclar con cuchara de madera

Aceite de linaza crudo

Esencia de trementina

Aceite de linaza hervido

Pigmento rojo ocre

Pintura colada con muselina, gasa o una media vieja

Materiales y utensilios
No se necesita ningún material especializado para fabricar esta pintura. Algunos pigmentos absorben más aceite que otros, en particular los óxidos que tienen un efecto secante sobre el aceite. Por esta razón es imposible dar medidas exactas para las mezclas. Conviene empezar con una parte de pigmento por cada parte de aceite de linaza hervido e ir ajustando la mezcla según el pigmento y la intensidad del color deseado.

CÓMO MEZCLAR PINTURA SIMPLE AL ACEITE

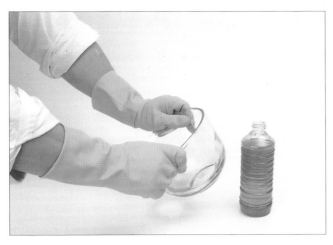

1 *Vierta el aceite de linaza hervido en un bol de cristal. Mueva el bol con movimientos rotatorios para cubrir los lados con el aceite.*

2 *Añada el pigmento y más aceite de linaza hervido. Remueva hasta que adquiera la consistencia de una masa cruda de bizcocho, poco fluida.*

3 *Siga removiendo mientras le añade aceite de linaza crudo para hacerlo más fluido.*

4 *Agregue la esencia de trementina hasta que la pintura tome la consistencia del chocolate caliente. Compruebe el grado de viscosidad y fluidez, haciendo una muestra con un pincel.*

5 *Filtre la mezcla a través de muselina, gasa o una media vieja, y viértalo en una lata de pintura, con la ayuda de una cuchara de madera.*

6 *Cuando aplique la pintura, use una brocha vieja, trabajando la pintura en todas las direcciones. Luego repase con una brocha nueva, en una sola dirección.*

Encalado

EL ENCALADO es una pintura clásica y duradera que permite que la pared «respire», pues deja pasar la humedad. Antiguamente, la mayoría de las casas en Norteamérica, Europa y Australasia se encalaban una vez al año. La pintura que sobraba se usaba para desinfectar y proteger los muebles. Actualmente se utiliza cera de cal (véanse páginas 120-121). La cal se puede comprar seca o mezclada con agua en masilla de cal (cal muerta).

En muchos países, el encalado se emplea como una capa decorativa y protectora. Armoniza bien con las propias casas, el medio ambiente y la gente que lo habita. En España, existen zonas donde, por ley, las casas deben ser encaladas de blanco para mantener el carácter del ambiente local. El encalado posee una calidad suave, mate; es agradable al tacto y, al contrario de lo que se opina, si ha sido debidamente mezclado, no cae con el roce. Las casas construidas sin aislamiento, se benefician del encalado porque la humedad se va evaporando sin toparse con una superficie sellada. La mayoría de las pinturas modernas, como las de látex/vinilo, forman una capa selladora de plástico sobre la pared en vez de penetrar en la superficie. Ésta es la razón por la cual la pintura moderna se desconcha y agrieta con la humedad. Por el contrario, la capa de encalado se mueve al mismo ritmo que la estructura del edificio y madura, suavizándose con los años. Puede ayudar a reforzar y mejorar paredes antiguas, y además el álcali actúa como desinfectante.

Una de sus pocas desventajas es que no se puede aplicar sobre emulsiones modernas, ya que necesita penetrar en una superficie permeable, como el yeso, el ladrillo u otro encalado preexistente. La cal se vuelve cáustica cuando se moja, así que debe ser manejada con cuidado. Antes de ponerse a trabajar, es una buena idea vaciar por completo la zona a pintar y tomar todas las precauciones necesarias si no se está acostumbrado a manejar la cal.

Es importante proteger el suelo con una tela vieja o con un plástico fuerte, y llevar ropa resistente. Tam-

Cocina rústica tradicional
Esta cocina de casa de campo (derecha) *es el típico lugar donde se debe utilizar el encalado. La casa fue construida sobre distintos niveles y la pared trasera de la cocina queda bajo tierra. Tiene un armonioso encalado de un verde desigual* (izquierda), *y además protege y preserva las paredes de la construcción.*

bién es aconsejable llevar gafas protectoras por si el encalado salpica.

Sin ningún pigmento, el encalado es blanco —el color de la cal— pero se puede colorear agregando cualquier colorante. El encalado también se puede combinar con otros ingredientes. En Norteamérica se mezcla con caseína para hacer lo que se conoce como pintura de leche o pintura de leche cuajada.

Las páginas siguientes explican cómo hacer cal muerta o apagada, o sea, cómo mezclarla con agua para hacer masilla de cal, y cómo elaborar y aplicar un encalado. Nuestro ejemplo muestra una pared exterior que ya estaba encalada, pero las instrucciones son las mismas si se trata de una pared interior enyesada o recubierta con cal. También es posible aplicar un encalado sobre una pintura de látex/vinilo si previamente se ha rascado para crear una superficie más porosa. Aun así el encalado permanecerá en la superficie en vez de penetrar en la pared. No tiene ningún sentido aplicar una pintura que «respira» sobre una de plástico. Los materiales y utensilios para encalar, con la excepción de la cal en sí, se encuentran con facilidad. La cal se debe comprar de un proveedor especializado. La cal muerta se puede encontrar prefabricada, y para conseguir la consistencia adecuada, sólo hace falta añadir agua. Durante la preparación de la cal muerta, como a veces ésta se calienta de forma irregular, algunos grumos tardan más que otros en disolverse.

La brocha idónea para aplicar el encalado es una de cerda corta dado que el encalado es más líquido que la pintura y suele salpicar. Los pinceles de cerda corta permiten que el encalado penetre en la pared. Si se añade pigmento al encalado, hay que tener en cuenta que el color se aclara mucho al secar. Antes de cubrir la superficie entera, es útil probar el encalado coloreado en una zona pequeña de la pared. El encalado tiene tendencia a madurar con el paso de los años. (Véase página 129 para una lista de pigmentos resistentes a la cal.)

Materiales y utensilios

Los utensilios básicos del encalado no son caros y sí fáciles de encontrar. Es importante el equipo, ya que hay que tomar precauciones para con uno mismo y para la zona de trabajo. La cal se puede comprar en cualquier proveedor especializado. No confunda la cal rápida con la cal de construcción (cal hidratada), que también se encuentra seca.

Taza para medir

Gafas y guantes protectores

Utensilio para mezclar o batidora de cocina

Brocha de cerda corta

Cal rápida

Taza para mezclar pigmento

Pigmento

Colador de cocina

Cubo para mezclar el encalado

Cubo para mezclar la masilla de cal

CÓMO HACER MASILLA DE CAL Y CÓMO ENCALAR

1 *Proteja sus manos con guantes de goma. Para hacer cal muerta, primero vierta agua tibia en un cubo resistente. Necesitará 2 litros de agua tibia para más o menos 4 puñados de cal.*

2 *Agregue la cal al agua. La mezcla silbará, burbujeará, y desprenderá calor y vapor. Este vapor no es peligroso, pero se recomienda no inhalarlo.*

3 *Remueva con un utensilio para mezclar o una batidora vieja de cocina hasta que todos los grumos estén completamente disueltos. Una vez terminada la reacción, añada agua hasta conseguir una consistencia manejable.*

4 *Cuele la cal para que no quede ningún grumo. Dado que la cal a menudo se calienta de manera desigual durante la preparación, algunos grumos tardan más en disolverse.*

5 *Si va a usar color, mezcle primero el pigmento con un poco de agua en una taza. Cuando se haya disuelto, añádalo a la masilla de cal o al encalado. Recuerde que al secar se le aclarará el tono.*

Color tradicional

Esto es parte de una decoración de pared realizada con encalado de colores sobre una pared encalada blanca (arriba). Es un método muy antiguo de decorar paredes.

CÓMO APLICAR EL ENCALADO SOBRE UNA PARED

1 *Rasque la pared con un cepillo de cerda rígida para sacar todo el polvo y las posibles partículas sueltas.*

2 *Salpique la pared con agua limpia y extiéndala por toda la superficie. Esto reduce la capacidad de absorción de la pared, limitando el tiempo de secado del encalado.*

3 *Con una brocha de cerda corta, aplique el encalado uniformemente sobre la pared, asegurándose de que penetre.*

4 *Este trozo de pared muestra la textura del encalado y la diferencia de color y apariencia entre el encalado seco y el mojado.*

Crear una atmósfera
Las paredes de este pequeño lavabo azul vibran de color
y crean una atmósfera acogedora. El tacto y el aspecto
del encalado es suave, agradable y relajante.

Lechada

LA LECHADA/TEMPLE es una pintura tradicional sencilla. Se empleaba para las habitaciones menos importantes de la casa, ya que era barata y de fácil aplicación. Fue sustituida cuando se empezaron a fabricar las pinturas de látex/vinilo comerciales. La lechada/temple la utilizan los arquitectos ecologistas y los decoradores de interiores que se interesan por la autenticidad y los problemas medioambientales. Está compuesta de materiales naturales, proporciona un acabado suave y mate, y se encuentra en dos presentaciones: fina y aglutinada al aceite.

La lechada/temple fina se fabrica de una mezcla de blanqueador y agua a la que se añade la cola. Cuando se enfría, se convierte en un gel fino y ya está lista para su aplicación. Es particularmente adecuada para cubrir yeso en relieve, como por ejemplo cornisas y artesonados, puesto que es una pintura de fácil eliminación y cuando se ha de repintar no se tiene que superponer capa sobre capa. En cambio, las pinturas modernas desfiguran los esculpidos en relieve porque se acumula material cada vez que se repinta.

La ventaja de usar lechada/temple en vez de pintu-

CÓMO HACER LECHADA/TEMPLE FINA

1 *Ponga 3,5 kg de blanqueador en un cubo lleno de agua, removiendo para deshacer los grumos. Déjelo en reposo, hasta que el blanqueador se deposite en el fondo.*

2 *En otro recipiente, vierta 2 1/2 tazas/600 ml de agua caliente en 113 g de gránulos de cola concentrada de piel de ternera. Déjela en remojo para que se dilate, durante un mínimo de 3 h.*

3 *Entonces, bata la mezcla de cola a fondo y caliéntela al baño maría hasta que se licue.*

4 *Cuando el blanqueador haya reposado lo suficiente, saque con cuidado el agua que se ha acumulado sobre él.*

Materiales y utensilios

Use un blanqueador fino, pero no tan fino como el blanqueador de gesso o la mezcla será muy pastosa. Use cola de piel de ternera ya que es menos flexible que la cola de conejo.

Cola

Pigmento azul ultramar

Cucharilla

Blanqueador

Batidora

Brocha de lechada/temple

Taza para medir

Lata de pintura

Colador y cubo

5 *Agregue una cucharilla rasa de pigmento azul ultramar al blanqueador y bátalo. Así contrarrestará el color amarillento de la cola y blanqueará la lechada/temple.*

6 *Cuele la cola caliente sobre el blanqueador y bata la mezcla. La lechada/temple se convertirá en un gel grueso cuando se enfríe.*

7 *Puede añadir pigmento para colorear la lechada/temple. Bátalo bien y haga después una prueba de color. Al secar se le aclarará siempre el tono.*

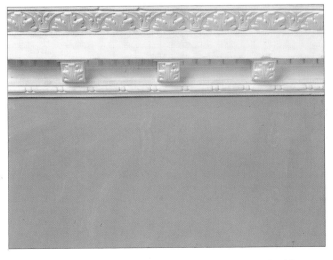

8 *Es tradicional pintar los techos y las cornisas de color blanco y poner algo de color a la pared.*

ra moderna es la calidad de su acabado aterciopelado y suave. También tiene la ventaja de ser permeable, dejando que la pared «respire», no como las pinturas modernas que recubren la pared con una capa plástica. En apariencia es algo mate y calcárea. Sin embargo, no tiene una apariencia impersonal y anodina, porque lleva pigmento, en vez de tinte como las pinturas modernas. Su color es vibrante, incluso en los tonos más pálidos.

Cuando se elabora la lechada/temple, es útil hacer pruebas en un papel blanco. Si tiene demasiada cola, o sea demasiado aglutinante o medio, se agrietará cuando esté seca, pero si no tiene suficiente, se reducirá a polvo. Es común asociar la lechada/temple con paredes polvorientas y resquebrajadas, pero si se fabrica adecuadamente, usando las proporciones correctas de blanqueador y cola, no se desprenderá con el roce. En el pasado, los profesionales usaban a propósito menos cola —manteniendo así la mezcla débil— ya que no les pagaban si la pintura se agrietaba. Cuando la mezcla de cola y blanqueador se ha enfriado, la pintura se convierte en un gel frágil y poco consistente. Dado que la cola es un producto animal, la lechada/temple se pudrirá si se guarda demasiado tiempo mojada. El ácido carbónico ayuda a conservarla. Se debe mantener en un lugar fresco y usar en el plazo de una semana.

Las superficies se deben embadurnar con cola antes de aplicar la lechada/temple, si no el yeso absorberá toda la pintura. Como es una pintura de una sola capa, hay que vigilar que los bordes de cada pincelada no se sequen antes de aplicar la contigua. Si esto ocurre, estas zonas quedarán más oscuras al final. Se aplica la pintura siempre en líneas rectas. Hay que procurar que no haya corrientes de aire mientras se aplica la pintura. Al acabar de pintar, sin embargo, se ha de airear la habitación.

Cuando se elabora la lechada/temple, se debe añadir el pigmento antes de que la cola se enfríe. Para conseguir un color uniforme, primero se diluye la cola con un poco de agua. Tradicionalmente, el pigmento se añadía directamente a la mezcla de blanqueador y cola, para producir un efecto singular, con áreas de color desiguales.

La desventaja de utilizar la lechada/temple es que no puede usarse para cubrir las pinturas modernas. De hecho, sólo cubre superficies pintadas también al temple. La lechada/temple fina y la de aceite duran más cuando se aplican sobre yeso, yeso de cal o sobre cualquier superficie con un acabado similar. En principio, es posible aplicar lechada/temple sobre otro tipo de pintura, pero no será tan permanente y en algunas circunstancias no se adherirá bien. La única manera de averiguarlo es experimentando. Sobre una pared nueva de yeso se debe aplicar una capa fina a no ser que las instrucciones de la marca indiquen otra cosa. La capacidad de cubrir de la lechada/temple es similar a la del látex/vinilo sólido.

La lechada/temple fina sólo se puede usar en interiores, mientras que la de aceite es apropiada para uso externo e interno, ya que éste la hace más resistente. La lechada/temple al aceite, a diferencia de la fina, sólo se encuentra prefabricada.

Un efecto tradicional
Esta pared (izquierda) *está pintada con lechada/temple al aceite. Se puede limpiar, pero no frotar.*

Lechada/temple al aceite
La lechada/temple al aceite (derecha) *es apropiada para paredes que puedan necesitar lavados —pasillos, cocinas o lavabos—, pero no es tan sólida como las modernas pinturas de plástico. Para uso externo se le añaden ingredientes que la hacen tolerar mejor las inclemencias del tiempo.*

Esmaltes

EL ESMALTE ES una capa transparente coloreada que se aplica sobre las imprimaciones con pinceladas suaves. Se compone de una pequeña cantidad de pigmento en un medio transparente. No se debe confundir con un baño de pintura, que suele ser más opaco. Los esmaltes clásicos son al agua, y llevan la cerveza como medio, o bien son al aciete, y llevan aceite de linaza como medio. Los esmaltes acrílicos son un invento reciente. El esmalte se puede adquirir en lata, comercializado, o elaborar en casa con aceite de linaza, esencia de trementina y secantes.

El esmalte se aplica sobre la capa de base para crear diversos efectos decorativos. Actualmente, se usa una pintura semimate al aceite como capa de base. En muchas técnicas decorativas, el esmalte se aplica en capas finas sobre la capa de base seca, para después eliminarlo parcialmente con pinceles especiales. Como es transparente, deja entrever la capa de base y así crea un efecto de profundidad. Se pueden aplicar varias capas de esmalte para conseguir un color de sorprendente intensidad y profundidad.

Antiguamente, las capas de esmalte se consideraban capas matizadoras y se aplicaban sobre pintura al aceite en las paredes interiores de las grandes mansiones, casi siempre sobre paneles de madera. Como los paneles absorbían la pintura de manera irregular, se aplicaba una capa matizadora para mejorar su apariencia. Probablemente se pintaba sobre una base ya seca, pero no endurecida del todo, para que la capa matizadora se diluyera ligeramente y penetrara en la superficie. Originalmente, esta capa matizadora se fabricaba con esencia de trementina y pigmento.

En los últimos años, los gustos modernos han convertido las técnicas del esmalte al aceite en una parte creativa de las artes decorativas, y son utilizadas para muebles, paredes y carpintería en general. Algunas de estas técnicas de aplicación de esmalte, como la de «arrastre» están directamente relacionadas con el veteado y marmoleado.

El veteado de madera fue un acabado popular en los siglos XVIII y XIX. Las maderas baratas se pintaban para imitar variedades más caras y exóticas que eran importadas, y difíciles de obtener. Se convirtió en un arte muy especializado. Era casi imposible distinguir la madera imitada de la genuina. Las más imitadas eran la de arce moteado, la de roble, la de caoba, la de caoba satín, la de nogal y la de palisandro.

El marmoleado siempre se ha hecho aplicando un esmalte al aceite sobre un fondo también al aceite. Es un esmalte difuminado. Los mármoles más populares eran el de vetas blancas, el florentino, el negro y dorado, el de pórfido egipcio, el de Siena y el de St. Remi. En las técnicas de marmoleado, la primera capa se hacía lo más fina posible y la última, de barniz, le proporcionaba un acabado muy brillante.

El esmalte también se utiliza en técnicas decorativas que imitan piedras preciosas o semipreciosas y otros materiales, como la malaquita, el lapislázuli, etc.

Esmalte de difuminado
A pesar de su color amarillento, el esmalte de difuminado (derecha) es transparente cuando se diluye con esencia de trementina (mitad y mitad) y se aplica en capas finas. Hay varios tipos, cada uno con sus propias características. En los últimos años, se han comercializado los esmaltes acrílicos al agua (derecha). Aunque éstos se secan antes que los de difuminado al aceite, los de secado más rápido siguen siendo los tradicionales al agua (derecha).

Esmalte acrílico al agua

Secante

Aceite de linaza

Esmalte de difuminado

Cerveza
A causa de su pegajosidad, la cerveza (arriba) se usa en la composición de los esmaltes al agua para aplicar un pigmento sobre un ondo al aceite. También se utiliza la miel.

Aceite de linaza y esmalte al agua

Esmalte al aceite elaborado en casa
Se puede elaborar esmalte al aceite en casa, usando aceite de linaza hervido (arriba), con partes iguales de esencia de trementina y un poco de secante o secativo (arriba izquierda). Luego se le agrega el tinte, óleo o pigmento.

Veteado
Los artesanos del siglo XIX se volvieron expertos en el veteado de diseños complicados que recordaban las incrustaciones y la marquetería. Esta gran puerta doble fue pintada en el siglo XIX por el veteador de Bolton, Thomas Kershaw (1819-98). Las flores de los paneles centrales están pintadas a mano.

Pinturas de caseína

L A CASEÍNA ES una proteína que actúa como aglutinante. Se ha vuelto imprescindible como medio para los pintores y tiene muchos usos: para fondo en técnicas de dorado, para hacer cola o pegamento, o para aglutinante de pinturas. La caseína se ha utilizado desde la antigüedad, para la técnica *secco* del fresco y para pintar muebles.

Existen muchas fórmulas para fabricar pintura de caseína, pero la caseína en sí se fabrica con leche desnatada cortada. La cuajada se separa del suero, se lava, y se deja secar. Se puede elaborar una pintura sencilla sólo con la cuajada (véanse páginas 68-69), pero no es muy permanente. La caseína fabricada comercialmente es más refinada, pero también lleva en su composición cuajada de leche, a menudo en forma de ácidos.

La leche desnatada no tiene mucho poder aglutinante porque contiene muy poca caseína, así que se necesita mucha leche para la elaboración de la pintura de caseína. Además, la caseína desarrolla su fuerza como aglutinante sólo cuando se le añade álcali para hidrolizarla, o sea, cuando se convierte en cola de caseína.

CÓMO ELABORAR CASEÍNA DE AMONIO

1 Ponga 1 parte de polvos de caseína en un bol y añada 4 partes de agua. Si necesita más cantidad de pintura, puede utilizar un cubo en vez de un bol.

2 Mezcle el polvo de caseína y el agua con delicadeza para evitar las burbujas.

3 Cuando la solución tenga la consistencia adecuada, añada aproximadamente 1/2-1 parte de carbonato de amonio. La mezcla tiene que ser efervescente y algo pegajosa.

4 Déjela reposar durante 30 minutos. Añada de 2 a 4 partes de agua más, según la fluidez deseada, y finalmente el pigmento.

Esta acción es similar a la de elaborar crema de queso (una especie de budín), cuando se añade cuajo a la leche. La pintura de caseína a menudo se llama pintura de leche, pero esta terminología no es del todo correcta; sería más apropiado llamarla según el nombre del álcali con el cual se ha mezclado: caseína de cal, caseína de amonio o caseína de bórax.

El método más antiguo conocido para elaborar pintura de caseína es con cal. El agente hidrolizante es la masilla de cal muerta. La caseína de cal tiene la ventaja de ser muy estable y es particularmente adecuada para pintar paredes de yeso de cal. (Es importante emplear pigmentos resistentes al álcali. Todos los pigmentos de tierra sirven porque son inertes.)

La caseína de cal produce una pintura mate y grumosa. Es permanente y no requiere imprimación. Los colonos americanos y los shakers pintaban sus muebles y paredes con caseína de cal, ya que los materiales se encontraban con facilidad: leche de vaca, cal y pigmentos de la tierra. Cuando está seca, la caseína de cal es biodegradable, no es tóxica y no contiene disolventes.

La caseína de amonio se fabrica con caseína en polvo y carbonato de amonio. Esta mezcla produce una pintura muy transparente, así que para opacarla, se debe añadir pigmento blanco. También se puede usar para teñir madera. Todas las pinturas de caseína llevan agua como disolvente. Al elaborar tanto la caseína de cal como la de amonio, se debe proceder cuidadosamente ya que son álcalis fuertes y pueden quemar.

Hoy en día, la pintura de caseína se puede adquirir en tiendas especializadas, envasada en pequeños frascos. A veces sustituye el gouache ya que es una pintura resistente y mate. Por la superficie suave pero dura que proporciona, se ha utilizado como alternativa al gesso en las técnicas de dorado y de metal holandés.

Materiales y utensilios
Aquí mostramos varios ingredientes para la elaboración de la pintura de caseína. La caseína de cal se puede hacer con sus ingredientes básicos, o se puede adquirir en polvo y reconstituir añadiendo agua.

Pintura de leche y cal
Carbonato de amonio
Leche cortada
Agua
Pigmento
Medio aglutinante de caseína
Polvo de caseína (clorhídrico)
Cuchara para mezclar
Pincel

CÓMO MEZCLAR PINTURA DE CASEÍNA DE CAL

1 *Mezcle a partes iguales caseína de cal en polvo y agua. Remueva hasta que la mezcla quede homogénea. Puede agregarse agua hasta conseguir la consistencia deseada.*

2 *La pintura de caseína de cal se puede aplicar tanto sobre paredes como sobre muebles. El color cambia un poco cuando se seca (la pintura clara se oscurece y viceversa), así que es mejor hacer antes una prueba de color.*

Técnicas del pintor de muebles

• Gesso • Dorado al aceite •
• Polvo de bronce • Trazado de líneas •
• Découpage • Lacado • Tintes para madera •
• Barnices • Tratamiento con cal •

EL ARTE DE PINTAR muebles tuvo su máximo esplendor en el siglo XVIII, cuando una generación de artesanos altamente calificados supieron ser receptivos a los cambios de estilo que se estaban produciendo en el campo de la decoración de interiores. Era un período pródigo durante el que los palacios y las casas señoriales eran decorados con una opulencia y esplendor nunca vistos. Entre la gran variedad de motivos y estilos, sobresalía siempre la habilidad y el profesionalismo de los constructores, pintores, ebanistas, doradores y enmarcadores. Cada artesano estaba especializado y era responsable de sólo un área en particular.

La arquitectura romana, que ya había influido en el renacimiento y el barroco, constituía una fuerza inspiradora que surgió otra vez en el neoclasicismo. Los muebles se hacían de maderas preciosas de hebra que se embellecían a menudo con pintura. Las escenas se pintaban, a veces con grisalla, en pequeñas áreas como paneles o medallones. La grisalla es una pintura monocromática que simula características arquitectónicas. Entre los motivos más comunes se encontraban los querubines, los trofeos, los temas clásicos y las visiones de Arcadia con dioses y diosas romanos. Una de las decoradoras más famosas fue Angelica Kauffmann, una artista del siglo XVIII, nacida en Suiza, que trabajó con el arquitecto Robert Adam y con el diseñador de muebles Thomas Hepplewhite.

Un pequeño querubín (izquierda), tomado de un libro popular de recortables, ha sido pegado sobre un fondo de blanco roto. Tras un proceso de barnizado y cuarteado, se aplican colores al óleo oscuros dentro de las grietas, para oscurecer el efecto global.

La importación de trabajos de lacado de los países orientales supuso otra gran influencia en los ebanistas europeos de la época. Los europeos, fascinados por los productos de Oriente, originaron una gran demanda de muebles y utensilios orientales, por lo que los artesanos de toda Europa se apresuraron a perfeccionar las técnicas que simulaban el lacado. Una de estas técnicas, llamada «vernis martin», fue desarrollada en París, alrededor de 1730, por los hermanos Martin, quienes probablemente utilizaron barniz de laca como sustituto de la verdadera laca. En los años veinte de nuestro siglo, Eileen Gray, que trabajaba en París, utilizó auténtica resina orishi y otros materiales. Fue la primera artista del lacado que utilizó diseños modernos. La demanda originada por esta moda de estilo chinesco alentó a los artistas europeos primero a copiar y más tarde a encontrar un estilo propio de pintar y decorar muebles. Esta influencia se hace patente en trabajos con recortables (découpage) en las bandejas decoradas, que en la actualidad producen tanto los artesanos como los decoradores de interior.

Bajo el influjo del estilo neoclásico, los decoradores y pintores de muebles se animaron a utilizar técnicas de marmoleado. Más tarde, a principios del siglo XIX, las cómodas y armarios se empezaron a decorar con líneas sobre fondos lisos o estriados. Esta técnica de trazado de líneas aún se utiliza en la decoración de todo tipo de muebles pintados, y convierte un objeto ordinario en algo especial.

El dorado con pan de oro es una técnica artesanal particular y especializada que se aplicó a muebles y marcos, especialmente a principios del siglo XVII. Se utilizaban láminas muy finas de metal y polvo de bronce, a veces sobre gesso pintado o barnizado. Este material era tan caro que la artesanía se quedó en las manos de profesionales altamente calificados. No existe una tradición rústica en el dorado como la hay en pintura. Sin embargo, las técnicas de dorado al aceite pueden utilizarse para crear una amplia gama de acabados realmente impresionantes, y no tienen tantas complicaciones ni requieren tan-

Con un envejecimiento con láminas de oro, plata o cobre, aplicadas sobre un fondo coloreado, se pueden conseguir efectos remarcables (arriba). Es recomendable utilizar colores cálidos bajo el tono plateado o el dorado frío, y colores azules fríos bajo el cobre o el dorado rojizo.

Hay una gran variedad de papeles de envolver regalos (derecha) que pueden utilizarse para los diseños de découpage.

ta exactitud como la técnica altamente especializada del dorado al agua.

El gesso fue un material muy importante para el decorador de muebles, el enmarcador y el dorador. Proveía una superficie suave que oscurecía la madera de inferior calidad y otras superficies, y que admitía las láminas de metal para los dorados. La técnica de mezclar y aplicar gesso no ha cambiado desde que los antiguos egipcios lo utilizaron por primera vez. La aplicación de gesso y pintura sobre madera barata, como la de pino, se ha venido utilizando tradicionalmente en la decoración de muebles. Un ejemplo notable lo encontramos en los muebles venecianos pintados. Actualmente el gesso se utiliza más por los doradores y enmarcadores que por los ebanistas, quizá porque no es lo suficientemente resistente para soportar los golpes y ajetreos de la vida moderna.

El veteado se puso muy de moda en el siglo XIX. La madera jaspeada de arce, la nudosa de nogal y la de caoba eran utilizadas ampliamente para esta técnica.

En toda Europa se desarrollaron diversos estilos de pintura de muebles, especialmente donde había madera en abundancia. Los suizos, por ejemplo, que poseen una gran tradición en este campo, desarrollaron una técnica particular durante la época del rey Gustavo, en el siglo XVIII. La mayoría de muebles decorativos se pintaban según el estilo clásico tradicional, pero en algunos casos, como el de los artistas ingleses del taller Omega que estuvo en funcionamiento entre 1913 y 1919, se utilizó la pintura y el color de forma más libre, espontánea y expresiva.

Existe también una rica tradición de pintado de muebles en la cultura campesina, que se originó en Europa pero pronto encontró sus propios motivos y un estilo característico en América del Norte y del

Una bandeja de metal decorada con découpage moderno (izquierda). Primero se pintó la bandeja de negro y después se le añadieron recortes de revista para crear un efecto de collage improvisado. Luego se aplicaron muchas capas de barniz para protegerla y conseguir una superficie uniforme.

Sur. Su estilo naïf y a veces un tanto tosco se encuentra por todo el mundo, especialmente en Sudamérica y en la India. Esta pintura popular era a menudo una imitación de las grandes piezas de las mansiones nobles. Por ejemplo, se acostumbraba imitar de forma tosca el veteado y el marmoleado. En Norteamérica, el estilo tiene sus raíces principalmente en la pintura alemana de muebles, así como en el lacado inglés mediante polvo de bronce. Estas piezas, ya sean holandesas de Pensilvania o francesas provenzales, han desarrollado todas su propio estilo, que es a la vez fuerte, individual y autóctono. A menudo se utilizaban pinturas simples y motivos estarcidos basados en formas naturales.

Más recientemente, los artistas decoradores han utilizado estos estilos provenientes de casas campesinas y los han incorporado a sus piezas modernas. Aparte de los artesanos profesionales, existen los decoradores sin formación técnica, que a veces son simples aficionados, los cuales se mueven fuera del estilo clásico tradicional. Uno de los atractivos de la decoración de muebles es la amplia gama de técnicas y estilos que abarca. La técnica de découpage (recortado), por ejemplo, permite trabajar con fotos e imágenes, sin necesidad de saber dibujar, y los procedimientos de dorado suponen la utilización de materiales muy interesantes que producen resultados espectaculares.

El pan de oro viene en pequeños libros como éste (izquierda), donde cada hoja está protegida por papel de seda. En los años 20, particularmente en Francia, muebles bastante grandes, como armarios y cómodas, fueron cubiertos por láminas de plata interrumpidas sólo por las líneas propias del mueble o por algún diseño de laca.

Este pie de lámpara (arriba) ha sido pintado con pintura de leche mezclada con cal. La cal le proporciona una apariencia suave, ligeramente empolvada, y un buen acabado.

Gesso

EL GESSO tiene una larga historia en la decoración de muebles. La fórmula que se usa hoy en día es similar a la de los antiguos egipcios. El gesso crea una superficie extremadamente suave y porosa. La porosidad permite que la pintura, el barniz o la cola sean absorbidos sin ser aspirados del todo. Se utiliza como base para el dorado al agua, a fin de que la lámina pueda ser pulida sin romperse, y para el dorado al aceite, particularmente en objetos de pino tallados cuya madera es algo dura. En ambos tipos de dorado, el gesso se colorea primero con arcilla roja o amarilla para dar un buen color de fondo. También se utiliza en lacados, donde es imprescindible una superficie suave.

Como superficie decorativa, se utiliza más a menudo en marcos, piezas de decoración y muebles, especialmente en los de los pintores venecianos. A veces es posible identificar los objetos decorados que han sido previamente tratados con gesso cuando por un golpe o una rascada aparece una capa blanca bajo una superficie pintada o dorada.

También es posible esculpir el gesso, una vez se ha secado completamente. En los siglos XVIII y XIX, se utilizaba para imitar los intricados relieves de las piezas lacadas de origen oriental.

El gesso es un líquido blanco compuesto de yeso blanco y fino, conocido como blanqueador, mezclado con pegamento o cola de conejo. La cola de conejo está disponible en forma de gránulos o láminas, en la mayoría de tiendas para artistas. Éstos también utilizan esta cola para pegar sus lienzos. Para utilizar el gesso, no hay más que esparcirlo con una brocha sobre una superficie e ir confeccionando las diferentes capas. Cada capa debe ser ligeramente lijada antes de añadir la siguiente.

El gesso es bastante fácil de preparar. Para confeccionar el pegamento o cola, los gránulos de cola de conejo se ponen en remojo y luego se calientan hasta que se derriten. Al enfriarse se solidifican en una masa gelatinosa que puede ser convertida de nuevo en líquido recalentándola. Una vez confeccionado tiene una vida limitada. El sobrante debe guardarse en la nevera, pero tiende a espesarse. No es recomendable diluir el gesso en agua, ya que se debilita la solución; es mejor hacer nuevas mezclas a medida que sea necesario.

El gesso se puede hacer con diferentes proporciones de blanqueador y pegamento. Generalmente, sin embargo, hay que añadir blanqueador al pegamento hasta que se absorbe todo el líquido. Cuando se revuelve, la mezcla se torna líquida. Cuanto mayor sea la habilidad de cada cual, más cantidad de blanqueador se podrá añadir. Una mezcla espesa se seca más rápidamente, pero también está más expuesta a la aparición de burbujas que impiden la obtención de

La versatilidad del gesso

Estos ejemplos demuestran la flexibilidad del gesso. La superficie del ejemplo (derecha) fue peinada antes de que se secara. La siguiente técnica fue utilizada en una pequeña cómoda (página opuesta). Sobre una tela de algodón fueron aplicadas una serie de capas de gesso que se dejaban secar entre aplicaciones. Tras cinco finas capas, la tela fue restregada por la esquina de una mesa para agrietar el gesso. Luego se frotó sobre las grietas una mezcla de pigmento, acrílico polivinílico/APV y agua. Por último se cortó la tela y se pegó a la cómoda.

superficies lisas. Una alternativa al gesso tradicional o clásico es un gesso acrílico polímero que puede comprarse en cualquier tienda de material artístico. Puede ser rebajado con agua y hay que aplicarlo a la superficie por capas, lijando entre aplicaciones. También es posible conseguir una imitación utilizando partes iguales de agua y acrílico polivinílico/APV. Luego, antes de mezclarlo, vaya añadiendo blanqueador hasta que no quede más líquido por absorber. Estas imitciones tienen, sin embargo, sus características. A diferencia del gesso tradicional, son demasiado duras para cortar y moldear, y al no ser absorbentes, crean una superficie mucho más brillante cuando se las pinta por encima.

Tanto al gesso clásico como a sus imitaciones se les puede añadir pigmentos para dar color a las capas finales. A una superficie a la que se ponga gesso se le ha de haber aplicado previamente una capa de solución diluida de cola de conejo. El pegamento puede utilizarse también para hacer pintura, como aglutinante para el pigmento (véanse págs. 132-135).

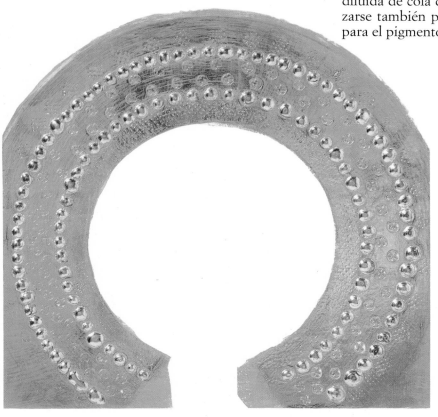

Utilización del gesso en la decoración
Las láminas de oro que han sido doradas al agua sobre gesso presentan una superficie más amoldable. En este caso (izquierda), la lámina de oro se ha decorado utilizando un punzón. Esto sólo es posible con el dorado al agua. Con el gesso también se pueden conseguir formas decorativas (arriba).

Materiales y utensilios
He aquí los ingredientes que se utilizan para hacer gesso. Se trata básicamente de una mezcla de blanqueador con cola de conejo, según una receta que no ha sufrido ninguna variación desde hace siglos.

Agua

Pincel de gesso

Gránulos de cola de conejo (derretidos)

Gesso

Gránulos de cola de conejo (sin procesar)

Medias para extraer el agua de la mezcla de gesso

Cazuela

Blanqueador

ELABORACIÓN Y UTILIZACIÓN DEL GESSO

1 *Deje los gránulos de conejo en agua fría durante una noche. Utilice una parte de gránulos por cada diez partes de agua.*

2 *Por la mañana añada otras diez partes de agua. Ponga el tazón al baño maría y revuelva hasta que se disuelvan los gránulos.*

3 *Añada blanqueador a los gránulos derretidos hasta que el blanqueador haya absorbido todo el líquido. Remueva hasta que vuelva a licuarse.*

4 *Cuele el líquido con una malla de nilón (unas medias viejas, por ejemplo) que cubra un tazón limpio y deje que gotee.*

5 *Lije la superficie a la que se vaya a aplicar el gesso y póngale la cola derretida. Déjela secar durante algunas horas. Aplique la primera capa de gesso en la superficie, dando las pinceladas siempre en la misma dirección.*

6 *Cuando se haya secado la primera capa, aplique la segunda, pasando el pincel en la dirección contraria. Aplique un mínimo de cinco capas, pasando papel de lija fino entre cada una de ellas.*

Dorado al aceite

DORAR ES APLICAR ORO, plata u otra lámina de metal a determinada superficie. Es una forma artesanal que ha cambiado poco en los últimos siglos. Hay dos métodos: dorado al aceite o al agua. El dorado al agua es un arte muy especializado que no cae dentro de los márgenes de este libro. La mayor diferencia aparente es que el dorado al agua se puede pulir con un bruñidor y por lo tanto resulta mucho más brillante.

Las láminas utilizadas para el dorado al aceite son de oro, plata, aluminio, cobre, paladio y metal holandés u oro holandés. Están disponibles en láminas sueltas y en láminas de transferencia. Estas últimas son láminas de metal comprimidas sobre un papel fino encerado.

El dorado al aceite requiere una superficie dura y lisa. Ésta puede ser de gesso o cualquier superficie plana que se haya pintado a spray o a mano, y lijado entre capa y capa. Como sea que cualquier defecto aparecerá en el acabado y que las imperfecciones pueden romper las finas láminas de metal, la superficie debe estar muy bien preparada. Hay que lijarla a conciencia y pintarla con una base de aceite. Puede utilizarse una pintura a spray que cubra la superficie de forma rápida y regular, y que cubra los rincones más recónditos sin que gotee. La lámina se pega a la superficie mediante un aglutinante hecho de aceite de linaza, llamado cola de oro. Existen distintas colas de oro que tienen distintos tiempos de secado, desde menos de una hora a más de un día. La superficie se pinta con cola de oro y cuando está seca, o casi seca, se colocan las láminas encima y se frota muy suavemente hasta que se puede retirar el papel. Hay que usar la intuición para saber cuándo la cola de oro está preparada para la aplicación de la lámina. Se puede experimentar en un pequeño sector antes de empezar.

En el siglo XVIII, el oro se aplicaba directamente al marco de madera, sin gesso, y en el siglo XIX, los artistas prerrafaelistas preferían marcos en los que el dorado al aceite se colocaba directamente sobre el roble para que se viese la textura. En Francia e Italia, para marcos y molduras interiores, se utilizó siempre el dorado al agua, mientras que en Inglaterra, se usaba el dorado al aceite, quizá porque era más resistente a la humedad del clima.

A continuación se describe una técnica básica para aplicar las láminas o pan de oro, seguida de tres técnicas de envejecimiento. El envejecimiento del dorado es una parte importante de la técnica del dorador. En este caso se han exagerado algunas de las técnicas básicas. La lámina de metal se adhiere a una base de color, se pinta por encima con una esponja, y se rasca con papel de lija o se envejece con una solución química. Estas técnicas pueden utilizarse con una gran variedad de metales para producir una gran variedad de efectos.

Para la capa base pueden usarse la cáscara de huevo, las pinturas japonesas de laca o las pinturas brillantes al aceite. Hay que poner atención al color, ya que la riqueza del metal se acentúa con los tonos intensos y suntuosos.

Las técnicas que requieren soluciones químicas nunca son del todo previsibles y a menudo la oxida-

Riqueza y variedad
Estos huevos y esferas han sido dorados al aceite y después envejecidos por el artista Tennille Dix-Amzallag. Las diferencias se deben a los distintos colores de base, a los tipos de pan de oro y a la menor o mayor graduación de las soluciones químicas.

ción hace que el efecto cambie incluso meses después de haberse sellado la superficie. El cobre y la lámina de metal pueden envejecerse mediante lejía casera; la reacción tarda aproximadamente cuatro horas. Se puede agregar agua salada a la lámina de cobre para conseguir un acabado de verdete.

La mayoría de los materiales utilizados hoy en día son tan antiguos como la misma técnica del dorado. Cuando se dora al aceite, el pan de oro u otro metal se pega a la superficie con cola de oro. Originalmente, la cola de oro se oxidaba mediante el uso de aceite crudo de linaza. La receta variaba según el tiempo de secado requerido. Hay que dejar secar la cola hasta que esté algo pegajosa, y aplicar entonces el pan de oro. Las di-

ferencias en el tiempo de secado permiten al artesano trabajar sobre grandes superficies, puesto que cuando la cola está demasiado seca, la lámina no se pega bien.

La cola de oro japonesa es una cola moderna de secado rápido, hecha con barniz claro y sintético. Se seca completamente y deja de ser pegajosa en unos 30 minutos. Si se le añade cola de aceite, se retrasa el tiempo de secado. La cola de oro japonesa es ideal para dorar piezas pequeñas. Con ella se pueden llevar a cabo trabajos delicados, porque no es tan espesa como la cola ordinaria. En cualquier caso, la cola debe aplicarse a una superficie no porosa, de barniz o de laca. El barniz de laca sigue siendo no poroso aunque se lije.

Polvos abrillantadores
Los polvos que contienen mica para dar brillo se encuentran en varios colores (abajo) *y también en forma líquida.*

Polvos abrillantadores

Polvo de bronce
Este polvo fino y metálico (derecha) *se llama polvo de bronce, aunque puede estar hecho de cobre, plata, aluminio o cualquier aleación de éstos. Es necesario protegerlo de la oxidación, aplicando laca o barniz.*

Polvo de bronce

Pinceles para gesso
Aunque se puede utilizar cualquier pincel para aplicar el gesso, tradicionalmente los pinceles para gesso (derecha) *no tienen virolas de metal, ya que éstas se oxidarían.*

Pinceles para el gesso

Cola de conejo
La cola de conejo granulada (izquierda) *o en láminas* (abajo) *se utiliza junto con el blanqueador para hacer gesso. Con éste se consigue una superficie extremadamente suave que se utiliza tanto para el dorado al agua, como al aceite.*

Gránulos de cola de conejo

Blanqueador
El polvo fino de carbonato de calcio natural (arriba) *se utiliza para hacer gesso. Se encuentra en diferentes graduaciones.*

Lámina de cola de conejo

Oro líquido
También es conocido como barniz de oro. Aquí (abajo) puede verse el polvo de bronce suspendido en medio. El líquido debe agitarse con frecuencia para prevenir que el polvo se concentre en el fondo.

Oro líquido

Lámina de transferencia de oro

Lámina de transferencia de plata

Lámina de transferencia de aluminio

Lámina de metal
Está disponible tanto en hojas de transferencia como sueltas (arriba). La lámina de aluminio, conocida como metal blanco, no es tan brillante como los otros metales. Como el oro verdadero, el aluminio no pierde el lustre, pero sí lo hacen el metal holandés, la plata y el cobre, por lo que deben ser barnizados o lacados para impedir el proceso.

Lámina de transferencia de oro holandés

Pincel alisador

Lámina de cobre suelta

Polvo metálico mate

Cremas de oropel
Éstas (abajo) son ceras finas con polvos de bronce. Cuando la crema de oropel se seca, se puede pulir para dar brillo. Las cremas se encuentran en muchos colores y se pueden utilizar para el estarcido.

Cremas de oropel

Cola de oro
Ésta (abajo) se utiliza en el dorado al aceite para pegar las láminas de metal a la superficie. La cola de oro está disponible en diferentes tiempos de secado que van desde los 30 minutos a las 24 horas.

Polvo metálico mate
Estos polvos (arriba) se hacen a partir de aluminio coloreado.

Cola de oro

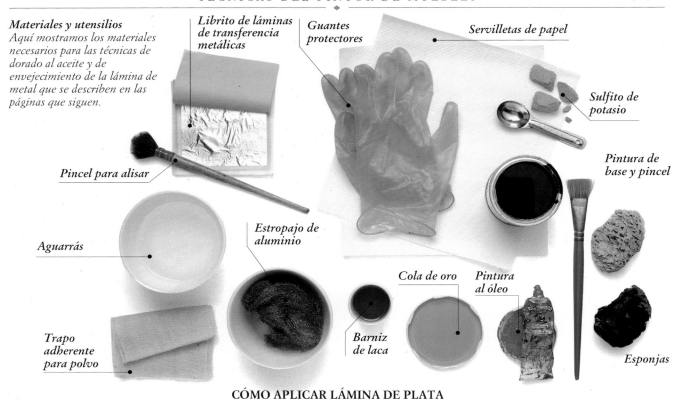

Materiales y utensilios
Aquí mostramos los materiales necesarios para las técnicas de dorado al aceite y de envejecimiento de la lámina de metal que se describen en las páginas que siguen.

Librito de láminas de transferencia metálicas

Guantes protectores

Servilletas de papel

Sulfito de potasio

Pincel para alisar

Pintura de base y pincel

Aguarrás

Estropajo de aluminio

Cola de oro

Pintura al óleo

Trapo adherente para polvo

Barniz de laca

Esponjas

CÓMO APLICAR LÁMINA DE PLATA

1 Cubra la superficie con un color de base. En este caso hemos usado una pintura negra de laca, pero se puede utilizar cualquier color.

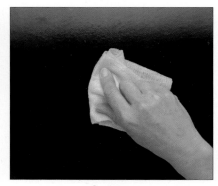

2 Pase sobre la superficie el trapo para sacar el polvo. Es necesario hacerlo porque el polvo rompe las láminas.

3 Aplique la cola de oro con un pincel de pelo corto endurecido. La cola debe quedar bien repartida en una capa fina y uniforme que cubra la superficie.

4 Deje secar la cola de oro. Vaya comprobando con un dedo en un área poco visible de la superficie. La cola debe tener la misma adherencia que una cinta adhesiva.

5 Coloque suavemente una lámina de plata sobre la cola. Frote ligeramente de arriba abajo, a partir de una esquina.

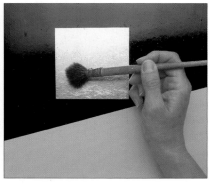

6 Presione la lámina suavemente con un pincel alisador o con algodón absorbente, para asegurar la adherencia y prevenir la formación de burbujas.

CÓMO DORAR UN CANDELABRO

Lámpara dorada y envejecida
Aplicando sulfito de potasio sobre las superficies de cobre de un candelabro de madera y en la pantalla de una lámpara de metal (izquierda), *se consiguen sorprendentes efectos.*

1 *He aquí cómo aplicar una lámina sobre una superficie irregular. Complete los primeros cuatro pasos de la página anterior. Corte un trozo de lámina de metal y aplíquelo a la base del candelabro.*

2 *Presione suavemente la lámina de plata, con los dedos o el pincel alisador, sobre las hendiduras. Si hay vacíos o rotos, rellénelos con trocitos de lámina de metal.*

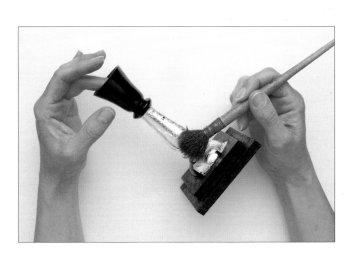

3 *Retoque la lámina de plata con el pincel alisador o con algodón absorbente, procurando que se adhiera con firmeza y no forme burbujas. Repita el proceso hasta que todo el objeto esté cubierto.*

Efectos de acabado
Estos ejemplos muestran la riqueza y variedad que se pueden conseguir utilizando técnicas que combinan diferentes métodos, metales y colores.

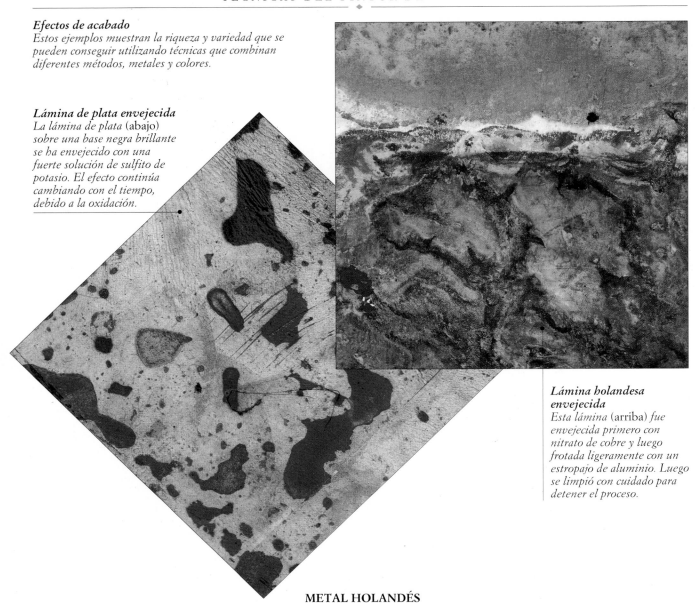

Lámina de plata envejecida
La lámina de plata (abajo) sobre una base negra brillante se ha envejecido con una fuerte solución de sulfito de potasio. El efecto continúa cambiando con el tiempo, debido a la oxidación.

Lámina holandesa envejecida
Esta lámina (arriba) fue *envejecida primero con nitrato de cobre y luego frotada ligeramente con un estropajo de aluminio. Luego se limpió con cuidado para detener el proceso.*

METAL HOLANDÉS

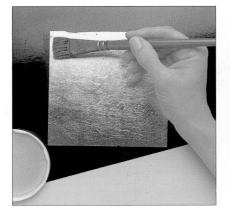

1 *Aplique una capa fina de barniz de laca sobre el metal holandés, ésta actuará como barrera entre la lámina y la pintura. Ponga el barniz de laca en una aplicación, utilizando un pincel suave.*

2 *Mezcle pintura al óleo con un poco de esencia de trementina para diluirla. Moje una esponja en la pintura y dé varios toques suaves sobre la lámina.*

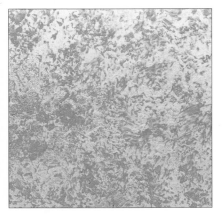

3 *El efecto de acabado; se puede aplicar más pintura para ir oscureciendo el metal holandés. También se puede utilizar otro color, alternándolo con el anterior.*

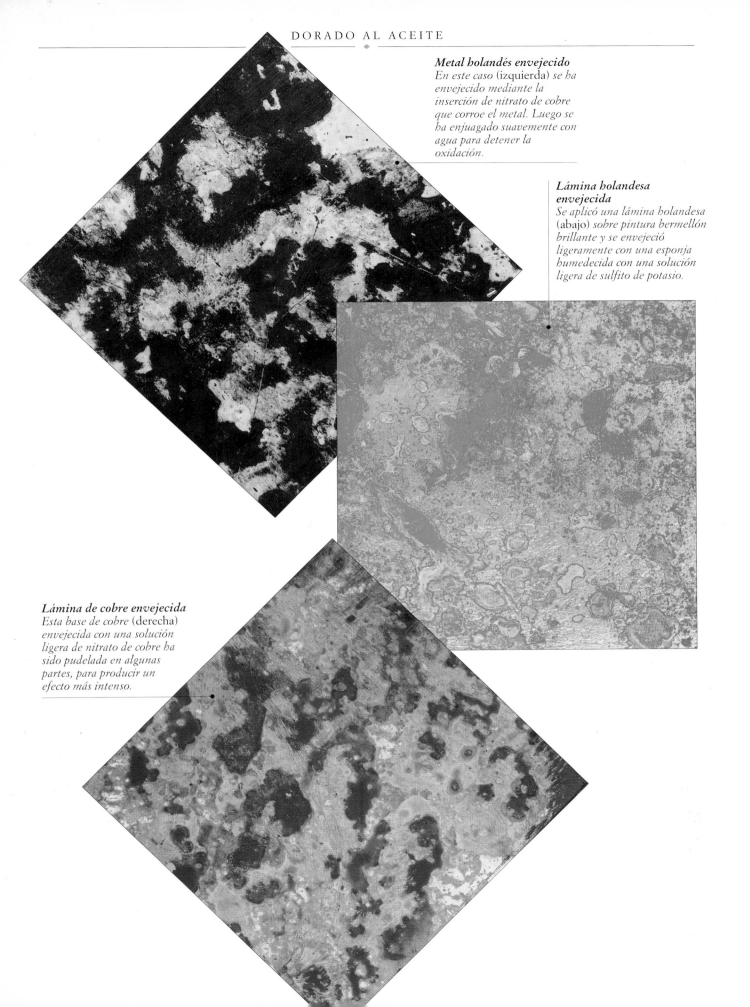

Metal holandés envejecido
*En este caso (izquierda) se ha
envejecido mediante la
inserción de nitrato de cobre
que corroe el metal. Luego se
ha enjuagado suavemente con
agua para detener la
oxidación.*

**Lámina holandesa
envejecida**
*Se aplicó una lámina holandesa
(abajo) sobre pintura bermellón
brillante y se envejeció
ligeramente con una esponja
humedecida con una solución
ligera de sulfito de potasio.*

Lámina de cobre envejecida
*Esta base de cobre (derecha)
envejecida con una solución
ligera de nitrato de cobre ha
sido pudelada en algunas
partes, para producir un
efecto más intenso.*

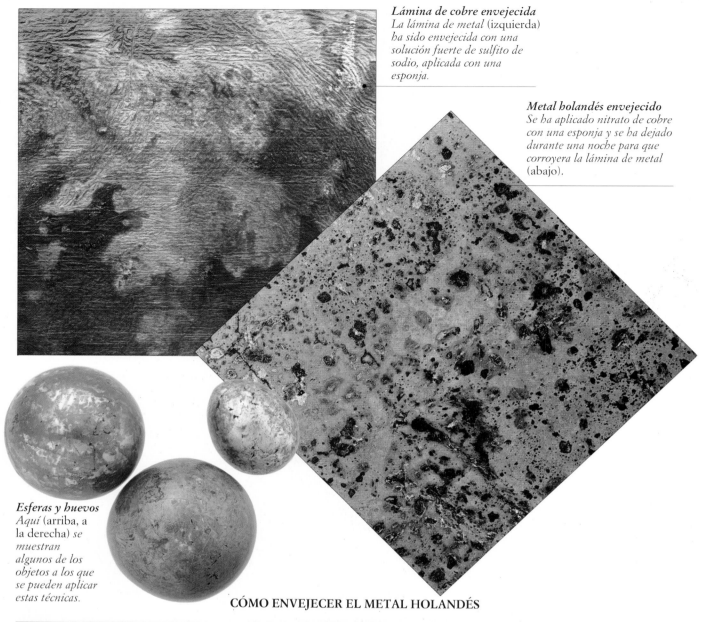

Lámina de cobre envejecida
La lámina de metal (izquierda) *ha sido envejecida con una solución fuerte de sulfito de sodio, aplicada con una esponja.*

Metal holandés envejecido
Se ha aplicado nitrato de cobre con una esponja y se ha dejado durante una noche para que corroyera la lámina de metal (abajo).

Esferas y huevos
Aquí (arriba, a la derecha) *se muestran algunos de los objetos a los que se pueden aplicar estas técnicas.*

CÓMO ENVEJECER EL METAL HOLANDÉS

1 *Aplique una capa de metal holandés sobre un fondo negro. Frótelo con un estropajo fino de aluminio (grado 000), mojado en aguarrás.*

2 *Frote la lámina suavemente con una servilleta de papel mojada en aguarrás.*

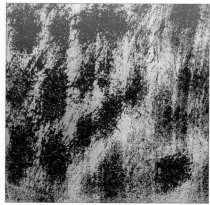
3 *Aplique tres capas de barniz de poliuretano, dejándolas secar entre aplicaciones, para proteger el resultado.*

CÓMO APLICAR SULFITO DE POTASIO

1 Utilice guantes protectores y disuelva un trozo de sulfito de potasio del tamaño de un guisante en 4 cucharaditas de agua. Según la consistencia de la solución, el efecto será diferente. Maneje el sulfito de potasio con extremo cuidado: es cáustico y corrosivo.

2 Utilice una esponja y aplique la solución a la lámina. A mayor concentración de la solución, más intenso será el efecto.

3 Proteja el resultado final con barniz de poliuretano. Se aplican tres capas, dejando que se sequen entre aplicaciones.

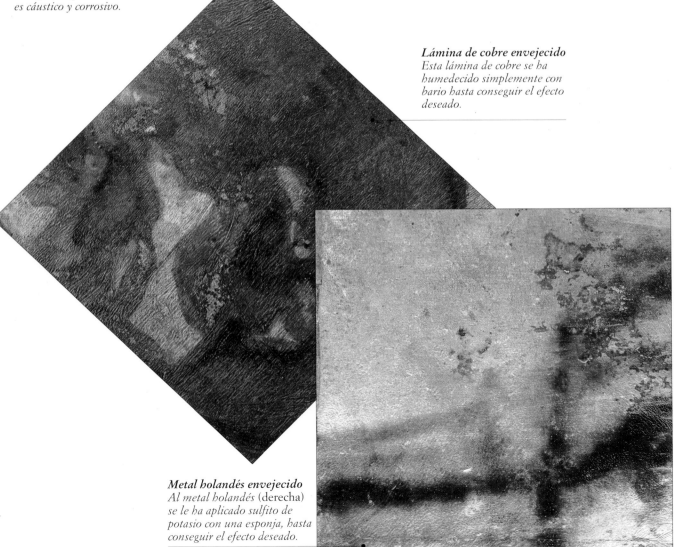

Lámina de cobre envejecido
Esta lámina de cobre se ha humedecido simplemente con bario hasta conseguir el efecto deseado.

Metal holandés envejecido
Al metal holandés (derecha) se le ha aplicado sulfito de potasio con una esponja, hasta conseguir el efecto deseado.

Polvo de bronce

LOS ANTIGUOS CHINOS utilizaron por primera vez el polvo de bronce en sus obras de lacado, con un método similar al que usamos nosotros. También se esparcía una ligera capa de polvo de bronce entre las capas de laca para añadir lustre, una técnica utilizada asimismo en Francia por los hermanos Martin, artesanos franceses que trabajaban para Luis XV.

Con el polvo de bronce se pretende imitar los diferentes tonos del oro, el cual resulta demasiado caro para la mayoría de la gente. A pesar de su nombre, se hacen de un polvo muy fino proveniente de varios metales, como el cobre y el zinc. A diferencia del oro verdadero, los metales se deslustran, por lo que es necesario tratar el polvo de bronce con alguna sustancia adecuada, como el barniz de laca. También pueden mezclarse con goma arábiga y pintarse, pero aun así hay que cubrirlos para evitar su oxidación.

A los objetos de uso cotidiano, como las bandejas, se les debe dar una capa con barniz de laca y cubrirlos con varias capas de poliuretano para protegerlos del calor. También puede utilizarse el barniz acrílico.

Motivo con polvo de bronce
El polvo de bronce está disponible en una amplia gama de colores, pero no es conveniente usar más de tres o cuatro a la vez, si se quiere conseguir un efecto armonioso (arriba).

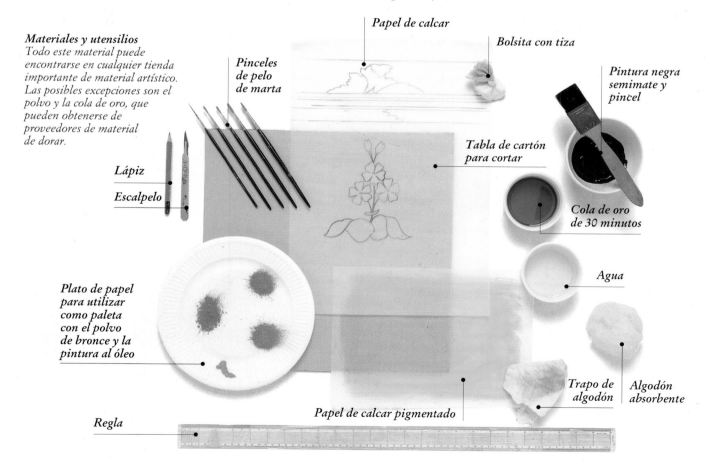

Materiales y utensilios
Todo este material puede encontrarse en cualquier tienda importante de material artístico. Las posibles excepciones son el polvo y la cola de oro, que pueden obtenerse de proveedores de material de dorar.

Papel de calcar

Bolsita con tiza

Pinceles de pelo de marta

Pintura negra semimate y pincel

Lápiz

Escalpelo

Tabla de cartón para cortar

Cola de oro de 30 minutos

Agua

Plato de papel para utilizar como paleta con el polvo de bronce y la pintura al óleo

Trapo de algodón

Algodón absorbente

Papel de calcar pigmentado

Regla

CÓMO APLICAR POLVO DE BRONCE

1 *Diseñe su propio patrón, o copie algún patrón sencillo de un libro sin derechos de autor, en un papel de calcar con un lápiz suave y bien afilado.*

2 *Confeccione «papel carbón» frotando pigmentos de color claro con un trapo de algodón sobre otra hoja de papel de calcar.*

3 *Haga una bolsita con una media de nilón y rellénela de tiza. Frote con ella toda la superficie a decorar para desengrasarla.*

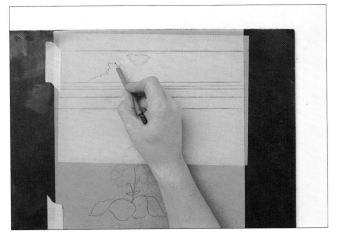

4 *Coloque el dibujo sobre el «papel carbón», con el lado del pigmento boca abajo, y fíjelo con cinta adhesiva. Calque el dibujo, moviendo el papel para hacer las repeticiones.*

5 *Compruebe que utiliza la presión necesaria para que el dibujo se transfiera convenientemente.*

6 *Ponga un poco de cola en el plato de papel. Saque el sobrante con un pincel de pelo de marta y aplique una capa muy fina de esta cola sobre partes no contiguas de la superficie de bronceado.*
(Continúa en página 106)

7 *Utilizando otro pincel de pelo de marta, aplique el polvo de bronce sobre una esquina. Difumínelo como se muestra.*

8 *Continúe trabajando toda la superficie. Aplique la cola en áreas alternadas. Con ello se consigue que el polvo de bronce sobrante no se adhiera en zonas no deseadas cuando se sacude.*

9 *Moje con agua un trozo de algodón absorbente y retire el polvo sobrante. Si es necesario, añada una gota de detergente al agua.*

10 *Empolve la superficie con la tiza. Las zonas encoladas pueden estar aún pegajosas y necesitan protección para que no se les adhiera el polvo de bronce que se aplicará a continuación.*

11 *Rellene las zonas no encoladas y sin polvos tal como lo hizo antes. Al limpiar con agua puede que se borren las líneas, y en tal caso deberán repintarse.*

12 *Pinte las líneas con cola al aceite y aplique el polvo de bronce. Limpie con agua y empolve una vez más con tiza.*

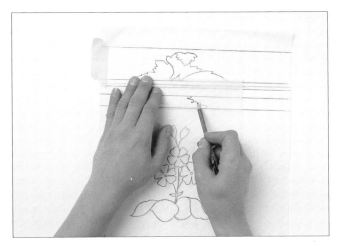

13 *Para confeccionar una plantilla, primero calque el dibujo sobre papel de calco.*

14 *Ponga el papel de calco sobre el cartón, recorte el contorno de todo el dibujo y tendrá lista la plantilla.*

15 *Pinte una amplia franja de cola de oro a lo largo del dibujo. Coloque la plantilla, dé con un pincel el polvo de bronce sobre los bordes y difumínelo. Repita hasta terminar.*

16 *Mezcle pintura al óleo con un poco de cola de oro y, con la ayuda de una regla, trace las líneas.*

El margen terminado
El diseño de este margen (izquierda) podría usarse, por ejemplo, alrededor de una bandeja, con un dibujo diferente en el centro. Mediante la técnica de difuminado, se utilizan tan sólo pequeñas cantidades de polvo de bronce, por lo que éste cunde mucho más. El uso continuo del estarcido de papel de calcar acelera el trabajo, y las líneas naranja claro añaden el toque final.

Trazado de líneas

EL TRAZADO DE LÍNEAS es el arte de hacer líneas en paredes y muebles. Es una manera muy simple de conseguir que cualquier pieza de un mobiliario corriente parezca mucho más elegante. La habilidad reside en lograr una mezcla de pintura que tenga la adecuada consistencia y en trazar líneas rectas de la anchura y el color apropiados.

Los pinceles utilizados varían según las preferencias del artesano. Los pinceles tradicionales de delinear están hechos con pelo más largo para cargar la mayor cantidad de pintura posible. Las líneas se trazan a ojo y a mano, más que con la ayuda de una regla. Los artesanos acostumbran utilizar los bordes del mueble como guía visual. También usan los dedos que no sostienen el pincel, para guiar su mano a lo largo del borde. Sólo cuando la línea está demasiado lejos del borde se recurre a una regla como guía.

Cuando pinte líneas de más de 6 mm de ancho, trace dos líneas y rellene la separación con otro pincel. Para conseguir líneas amplias o estrechas hay que variar la presión que se aplica sobre el pincel.

Se utiliza la pintura al óleo, ya que no se seca tan rápidamente. Es más fácil hacer desaparecer los errores cuando la pintura aún está húmeda. Mezcle con antelación la cantidad necesaria de pintura. Debe estar lo suficientemente diluida para que tenga fluidez, pero también debe ser lo suficientemente opaca para que cubra la superficie. Si se añade un poco de blanco se consigue una mayor opacidad, especialmente con ciertos colores. Cuando la pintura es demasiado espesa, no

CÓMO TRAZAR LÍNEAS SOBRE UNA MESA

1 *Las líneas se dibujan a mano con un lápiz de color. Utilice un color claro sobre fondos oscuros y viceversa, para que la línea sea perfectamente visible.*

2 *Mezcle la pintura con el barniz y cargue bien el pincel. Utilice el dedo corazón para guiar el pincel y deje que el anular le guíe la mano.*

3 *Añada una línea oscura para marcar la sombra. Si se acaba la pintura del pincel, reemprenda la línea en un punto anterior a donde se había acabado y continúe en el mismo sentido.*

4 *Una línea de color ocre proporciona el toque final. Se aconseja a los principiantes que esperen a que cada línea esté seca antes de comenzar la siguiente, para así poder eliminar los errores.*

Trozo de madera para utilizar como regla

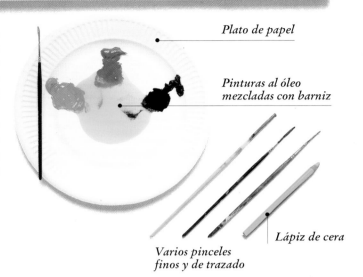

Plato de papel

Pinturas al óleo mezcladas con barniz

Lápiz de cera

Varios pinceles finos y de trazado

fluye bien, pero si está demasiado diluida, se esparce. La mezcla de pintura con barniz ayuda a conseguir la consistencia correcta, puesto que el barniz incrementa la fluidez y viscosidad de la pintura sin diluirla. Algunos artistas añaden a la pintura cola de oro en lugar de barniz, para acortar el tiempo de secado.

Si tiene que interrumpir el trazado de una línea, reempréndalo gradualmente. Resiga la línea con el pincel cargado, pero sin hacer ninguna marca, luego vaya incrementando gradualmente la presión hasta que la línea recobre la anchura correcta.

Materiales y utensilios
Los lápices de cera dejan una marca más clara sobre una superficie oscura. La regla que se utilice debe ser lo suficientemente pesada para que no se mueva ni se deslice.

5 *Aquí podemos ver la posición adecuada de la mano para dibujar una línea situada más hacia el interior de la mesa.*

6 *Cuando la línea esté demasiado lejos del borde de la mesa para pintarla cómodamente, se puede utilizar un trozo de madera para guiar la mano.*

Diseños para las esquinas
Estos ejemplos de François Lavenir (abajo) muestran diversos diseños para las esquinas. Cada artista desarrolla su propio método para facilitar el trazado de las líneas. Algunos de estos diseños se efectúan usando la mano como compás. Se utiliza el dedo anular como pivote situado en el centro de un círculo imaginario. Conseguir un trazado satisfactorio de las líneas es cuestión de práctica y confianza. Cuando se trazan demasiado lentamente, pueden resultar vacilantes, mientras que si se hacen con excesiva rapidez y sin cuidado, pueden salir chapuceras. Mantenga la velocidad y la presión constantes, ya que de lo contrario la anchura de la línea sufrirá variaciones. Tenga a mano una tela de algodón para poder borrar los errores.

Découpage

EL DÉCOUPAGE es un método para la decoración de bandejas, cajas, paredes, muebles, pantallas y muchos objetos más, que consiste en pegar recortes de papel a la superficie correspondiente, a la que luego se le aplica una capa protectora de laca o barniz. Es una técnica aparentemente simple y efectiva que requiere precisión, esmero y gusto por el detalle, el color y las formas.

El découpage tiene una larga tradición como técnica decorativa, y puede ser utilizada en cualquier superficie dura y pintada, como la madera o el metal. Está muy relacionada con el arte del lacado (véanse págs. 114-115). Los muebles decorativos se pusieron muy de moda durante los siglos XVII y XVIII, al popularizarse los lacados procedentes del lejano Oriente.

Para responder a la gran demanda, se imprimieron pequeños recortables de papel para sustituir los pin-tados a mano, que eran realmente costosos. Todos los recortables se coloreaban a mano y se barnizaban muchas veces, normalmente con un barniz de alcohol de resina llamado sandáraca. El arte del buen découpage consiste en un cuidadoso corte del papel y en la aplicación de muchas capas de barniz. Una buena fuente de materiales para el découpage se encuentra en ediciones facsímil, que a veces están libres de derechos de autor y por lo tanto puede fotocopiarse.

Ya en 1762, se publicaron libros como *The Ladies*

La Habitación de los Impresos, Rokeby Park, Yorkshire, Inglaterra
Desde 1750 hasta mediado el siglo XIX, fue costumbre, para decorar interiores, llenar las paredes con grabados, guirnaldas y orlas de papel recortado. A veces, para los fondos, se utilizaban colores poco comunes, como por ejemplo el rosa fuerte, el color paja o el gris. El rosa que vemos aquí no era muy frecuente.

Amusement o *Art of Japanning*, que contenían alrededor de 1.500 ilustraciones recortables. Hoy en día las tarjetas de felicitación, los libros viejos, los programas de teatro y el papel de envolver constituyen un buen recurso. Las fotocopias en blanco y negro o en color también son una posibilidad. Todavía se publican libros especiales para découpage donde se pueden encontrar los motivos clásicos, como detalles de arquitectura, querubines y lazos. También se pueden utilizar revistas, pero el papel de éstas hay que probarlo antes, ya que puede ser tan delgado que se deshaga por efecto de la cola o el barniz. Tradicionalmente el fondo era de un único color, a menudo verde o negro, a veces amarillo ocre y en ocasiones rojo. La verdad es que puede pintarse de cualquier color o con efectos diversos, como el marmoleado, el veteado u otros efectos de esmalte.

El découpage, durante el siglo XVIII, fue muy popular en Francia, donde se denominaba *scriban* (el arte del escritorio). Los artesanos venecianos lo llamaban *arte povra*, pero también se conocía como *lacca povra*, o *lacca contrafatta* cuando la superficie estaba lacada.

En el siglo XIX, se convirtió en un pasatiempo de las mujeres victorianas, y por aquel entonces ya se usaban trozos de tela de chintz para decorar muebles. Por sus raíces en la decoración oriental, el estilo chinesco siempre ha sido popular. Se le puede dar un acabado de barniz cuarteado (véanse págs. 146-147) para que la obra parezca una pintura antigua. Se puede utilizar cualquier pintura —al agua o al aceite— como capa base, aunque las pinturas al aceite son más fáciles de utilizar.

Es muy posible que el uso del découpage para objetos pequeños originara la costumbre de utilizar impresos para decorar habitaciones. A veces se utilizaba el mismo tema para toda la habitación.

Para recortar una imagen, hay que usar unas buenas tijeras bien afiladas y mantener el papel en constante movimiento, para cortar siempre en dirección contraria al cuerpo y evitar que la mano se coloque en mala posición.

También se puede utilizar un escalpelo con una cuchilla fina, o un cuchillo de artesano, pero en cual-

Silla veneciana
Esta silla (arriba) *es un buen ejemplo de* arte povra. *Está decorada con colores poco comunes, como rojo y amarillo, resultado directo de la influencia del lacado oriental. El detalle* (derecha) *muestra cómo las muchas capas de laca o barniz disimulan el découpage.*

quier caso es necesario contar con una superficie adecuada para cortar. También en este caso, hay que mantener el papel en movimiento, pero ahora se trata de mantener la cuchilla en dirección al cuerpo y siempre en el ángulo más conveniente.

Asegúrese de que cada paso se ha completado satisfactoriamente antes de empezar el siguiente y compruebe que todas las esquinas estén bien pegadas antes de barnizar o sellar. Esto último es de suma importancia, ya que una esquina suelta se deteriorará con facilidad, a menos que se arregle en ese momento. Para un fondo de pintura al aceite, la mejor cola es la de mucílago, ya que el sobrante se puede eliminar con facilidad. Antes de aplicar la laca o el barniz, hay que dejar secar la cola.

A continuación, describiremos el método de Tennille Dix-Amzallag para la decoración de bandejas me-

tálicas. A la bandeja se le ha aplicado una capa de base de pintura a spray, utilizada por sus propiedades de secado rápido, su aplicación fácil y veloz, y su compacto acabado. Una pintura de laca, de secado rápido, o una pintura brillante también servirían. Si quiere conseguir un acabado liso y de aspecto sedoso, asegúrese de que la superficie está libre de polvo. En las etapas finales, se dieron hasta 15 capas de barniz a la bandeja, para asegurar que fuera resistente al calor. El barniz, que puede ser de poliuretano o acrílico, sirve asimismo para disimular los bordes del papel y el hecho de que las flores y las mariposas están pegadas. Cada tercera capa debe ser lijada con un papel de grano fino y limpiada con un trapo adherente para polvo.

Materiales y utensilios
Todos estos materiales, exceptuando el trapo adherente, son fáciles de obtener. Los libros han sido publicados expresamente para découpages, y es posible encontrar papel de envolver atractivo en las papelerías, así como en las tiendas de los museos.

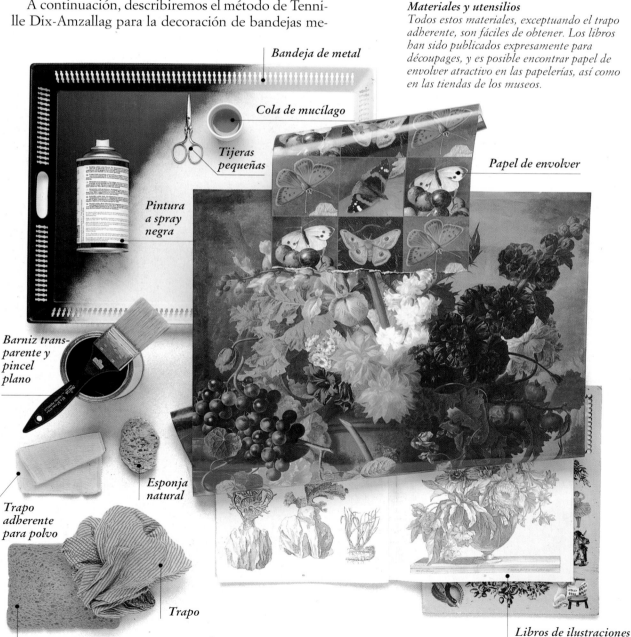

Bandeja de metal

Cola de mucílago

Tijeras pequeñas

Papel de envolver

Pintura a spray negra

Barniz transparente y pincel plano

Esponja natural

Trapo adherente para polvo

Trapo

Esponja de celulosa

Libros de ilustraciones

CÓMO DECORAR UNA BANDEJA

1 Planifique un diseño, y luego corte el papel alrededor de la imagen con un par de tijeritas finas.

2 Recorte la imagen cuidadosamente, moviendo el papel de manera que el corte se haga siempre en dirección contraria al cuerpo. Mantenga a su alcance agua, pegamento y una esponja húmeda, pero bien exprimida.

3 Extienda con un dedo el pegamento sobre la bandeja. Puede diluirlo con agua para darle una consistencia grasosa y lisa, como mantequilla. Los mejores pegamentos son la cola de mucílago y la goma adhesiva.

4 Sitúe cuidadosamente el papel y péguelo, dando golpecitos con la esponja. No frote sobre la imagen, ya que puede descolocarla o incluso romperla.

5 Retire cualquier resto de pegamento con una esponja mojada y mediante toquecitos suaves, elimine la humedad. Las burbujas de aire desaparecerán cuando se seque el papel.

6 Deje secar durante toda la noche. Compruebe que las esquinas están firmemente pegadas. Limpie con el trapo adherente para polvo y barnice con un pincel que debe guardarse sólo para esto. La última capa se puede encerar o dejar tal cual.

Lacado

LA GENUINA LACA ORIENTAL se hace de resina del árbol orishi, originario de Japón y de China. Lo produce un insecto denominado Cocca lacca, que penetra en la corteza del árbol y deposita lo que luego se convierte en la materia prima de la laca.

Aplicar la laca fue siempre un proceso laborioso que requería una gran destreza y mucha paciencia. Primero se espesaba la resina por evaporación, luego se colaba y finalmente era coloreada con pigmentos. A los objetos se les aplicaban hasta 30 o 40 capas muy finas. Una vez aplicada una capa, y antes de pasar a la siguiente, debía procurarse que la superficie estuviera completamente uniforme y seca. De esta forma se conseguían superficies densas, compactas y suaves, ideales para dorar, tallar o incrustar. La belleza de una pieza lacada proviene de la manera en que la luz se refracta a través de las capas de laca.

Aunque el término lacado se aplica a veces a cualquier superficie que tenga una capa de barniz brillante, no puede olvidarse la apariencia única que el verdadero lacado ofrece. Se han realizado muchos intentos para imitar este acabado, con técnicas más rápidas. Ninguno, sin embargo, ha tenido éxito.

El arte del lacado es originario de Oriente y sus productos encontraron el camino de Occidente en épocas tan tempranas como el siglo XVII. Durante el período del Art Deco (final de los años 20 y años 30), se convirtió en una técnica popular entre los artistas occidentales, cuando muchos japoneses vinieron a trabajar a Occidente. Los diseños de las piezas lacadas tienden, aún hoy en día, a reflejar el origen orien-

tal del arte, pero ha habido notables excepciones. Durante el período del Art Deco, muchas piezas de lacado poseían sorprendentes figuras geométricas. Una de las más importantes representantes de este arte, durante la época, fue la irlandesa Eileen Gray, a la que se conoce especialmente por el perfecto acabado de las pantallas lacadas, así como otros tipos de muebles, que poseen una extraordinaria riqueza de color. Empezó a trabajar con la resina tradicional orishi, pero pronto desarrolló sus propias técnicas en las que empleaba barniz de laca como sustituto.

En la actualidad, todas las técnicas de lacado occidentales utilizan barniz de laca en lugar de resina orishi. Ello se debe al hecho de que la resina orishi es venenosa y una exposición prolongada a la misma causa reacciones alérgicas. El barniz de laca se extrae del *Rhus verniciflua*, un árbol originario del lejano Oriente. El barniz de laca, también conocido como goma laca, puede adquirirse en forma de frágiles escamas, parecidas al cristal, o en líquido. Existen en varias graduaciones. La menos refinada se utiliza para el lacado. Las escamas se disuelven en alcohol para conseguir el barniz.

Hay disponibles muchas mezclas de barniz, listas para el uso, como la goma laca en botones y la goma laca granate. Se trata de diferentes tipos de barniz de laca y suelen ser muy quebradizos. Los barnices de laca más duros no contienen cera. En la actualidad, los artistas utilizan un abrillantador extrafino o barniz de laca. Lo aplican en capas muy finas con un trozo de algodón y practican un lijado entre una y otra. Hay muchas técnicas distintas de lacado, pero es necesario resaltar que la perfección depende más de la atención y el cuidado en la aplicación que del tipo de laca empleada.

Uno de los métodos más simple consiste en aplicar a la superficie una capa base al aceite que, una vez seca, debe lijarse con un papel de grano fino hasta conseguir un acabado perfectamente liso. A continuación, se mezclan los pigmentos bien molidos con un barniz de laca transparente de buena calidad. Las primeras capas contienen mucho pigmento y por lo tanto son más opacas. Las que siguen contienen más proporción de barniz o barniz de laca. Deben aplicarse muchas capas de barniz de laca, cada una de ellas lijada de manera uniforme, una vez seca. Si se lija una capa de pigmento y barniz de laca, se perderá el pigmento.

Tradicionalmente, el lacado se llevaba a cabo sobre un fondo negro, pero también se utilizan otros colores, como el bermellón, el verde oscuro y el blanco.

Patos
Este pequeño panel lacado (arriba) *fue copiado de una pieza original, dorada al aceite y con una decoración compuesta de un pato y flores, hecha a mano con acuarelas.*

Materiales y utensilios

El barniz de laca líquido es muy fácil de encontrar, pero también puede confeccionarse mezclando escamas de barniz de laca con alcohol puro o con alcohol desnaturalizado, tal como se muestra en el 1.er paso. Tras su aplicación, el barniz de laca se seca muy rápidamente, pero tarda algo más en endurecerse del todo. Para conseguir buenos resultados, hay que dejar que se seque durante doce horas antes de proceder al lijado. Se puede ir variando ligeramente el color del pigmento en las capas subsiguientes (por ejemplo el rojo veneciano y la sombra tostada pueden utilizarse alternativamente), lo cual significa que se está mirando a un fondo opaco, a través de capas de diferentes colores transparentes.

Barniz de laca líquido

Dos pinceles de punta plana

Pigmento de óxido rojo

CÓMO APLICAR BARNIZ DE LACA

1 Mezcle el barniz de laca con alcohol puro o alcohol desnaturalizado transparente, o utilice un barniz de laca preparado.

2 Mezcle el barniz de laca con el pigmento para darle color. En esta etapa, el barniz de laca y el pigmento pueden hacerse más finos, moliéndolos con una mano de mortero.

3 Aplique una capa delgada de pigmento, mezclado con barniz de laca, a un objeto previamente cubierto con gesso. Dé las pinceladas en una sola dirección. Déjelo secar, pero no lo lije.

4 Aplique una capa transparente de barniz de laca. Cuando esté seca, líjela hasta dejarla suave. Repita las aplicaciones de barniz de laca transparente o pigmentada, hasta conseguir el efecto deseado.

Tintes para madera

LOS TINTES DE MADERA son líquidos transparentes que permiten ver la fibra de la madera a través del color. Las razones para teñir una madera pueden ser muy variadas, como la imitación de una madera más exótica, la simulación de otro tipo de madera, un intento de mejorar o hacer resaltar la textura, o simplemente para colorear y decorar.

A lo largo de los años, se han inventado un gran número de tintes. Hay muchas fórmulas que utilizan tintes vegetales como el palo campeche. Algunas parecen provenir del taller de algún alquimista, con ingredientes como sangre de dragón, agallas y raíz de ancusa (véanse págs. 44-45). En el siglo XVII, los marcos de madera de peral se teñían de negro para imitar el ébano. Esta técnica también era popular en la era victoriana, durante la que se utilizaba madera de sicomoro, de castaño y de una variedad del plátano, especialmente para los muebles. Asimismo, imitaban otras maderas como la caoba, el palisandro, el nogal y el cerezo. Se utilizaba también la madera de pino, que era la más simple y la menos atractiva. El pino teñido de caoba adquiría el color adecuado, pero carecía de la textura correspondiente, lo que llevó a los artesanos a añadir y combinar texturas. Generalmente se considera que esta técnica es una forma degradada de pintar y vetear.

Normalmente, los tintes se aplican sólo a la madera nueva, ya que teñir madera despintada puede dar lugar a un acabado desigual. El tinte puede aplicarse directamente sobre la madera sin tratar, pero en tal caso, el producto final puede resultar desigual y lleno de manchas. Si se necesita un acabado muy liso, hay que aplicar una capa de cola a la madera. Utilice una mezcla de trementina y cola de oro, para los tintes al alcohol, y un baño ligero de cola de conejo o barniz acrílico diluido, para tintes al agua. Aplíquela rápidamente con una brocha grande, para asegurarse de que la superficie queda completamente cubierta. Antes de empezar, la madera debe estar bien lijada. Es aconsejable probar antes la intensidad del tinte en una zona no demasiado visible. Como el tinte es absorbido por la madera, si el color está muy concentrado, no se podrá eliminar tan fácilmente lijando o despintando, como en el caso de la pintura o el barniz.

Muchos de los tintes antiguos se aplicaban en poca cantidad y frotando intensamente. La intensidad del color se obtenía realizando varias aplicaciones para resaltar la textura natural.

La madera teñida se puede dejar tal cual, o se puede dar un acabado de barniz o cera.

Caja shaker
Los shaker hacían tintes hirviendo una mezcla de agua y pigmentos. El tinte se aplicaba sobre madera sin preparar, que posteriormente era encerada. Una copia de una caja shaker (arriba) ha sido tratada precisamente de esta forma.

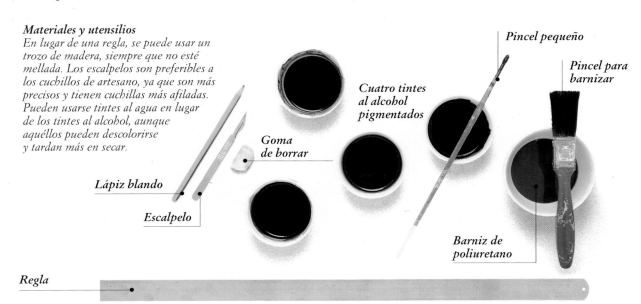

Materiales y utensilios
En lugar de una regla, se puede usar un trozo de madera, siempre que no esté mellada. Los escalpelos son preferibles a los cuchillos de artesano, ya que son más precisos y tienen cuchillas más afiladas. Pueden usarse tintes al agua en lugar de los tintes al alcohol, aunque aquéllos pueden descolorirse y tardan más en secar.

Pincel pequeño

Pincel para barnizar

Cuatro tintes al alcohol pigmentados

Goma de borrar

Lápiz blando

Escalpelo

Barniz de poliuretano

Regla

Tintes al agua

Hay muchos tintes que se confeccionaron según fórmulas que utilizaban productos naturales. La fórmula que hay a continuación es para un tinte negro.

Mezcle 450 g de palo campeche y 2 o 3 puñados de cáscaras de nogal con 3,4 litros de agua. Hierva con fuego intenso, hasta que se reduzca a la mitad. Cuele el agua y añada 600 ml de vinagre blanco, hierva de nuevo y aplique el tinte mientras esté caliente. Mientras tanto disuelva 28 g de caparrosa verde en 1,2 litros de agua y aplique la mezcla mientras esté caliente sobre la superficie teñida anteriormente. Una combinación de siena tostado y cerveza produce un tinte de color caoba,

mientras que un puñado de clavos oxidados dejados en vinagre (ácido acético) originan un tinte de color marrón oscuro. En la Inglaterra medieval era frecuente utilizar ingredientes como los clavos oxidados. En el siglo XVIII, los archivadores de madera estaban decorados con un tinte consistente en partes iguales de nitrato sódico y sulfito de hierro, junto con clavos oxidados que supuestamente se dejaban en la mezcla para darle color. Puesto que los archivadores se manejaban con frecuencia, no se podían decorar con pintura, así que se teñían de esta forma para que parecieran de concha. Para crear este efecto, el líquido se dejaba gotear sobre el archivador.

CÓMO APLICAR DISEÑOS CON TINTES DE MADERA

1 *Haga a lápiz un dibujo detallado. Haga cortes ligeros sobre las líneas con un escalpelo afilado. Esto evita que las manchas se esparzan a otras áreas.*

2 *Rellene el dibujo con el tinte, usando un pincel fino. En este caso, se ha utilizado tinte al alcohol que tiene un secado rápido.*

3 *Rellene las áreas más grandes con un pincel ancho. El diseño termina con un margen más oscuro.*

4 *Con varias capas de barniz de poliuretano intensificará los colores y protegerá la madera.*

Barnices

EL BARNIZ DA UNA CAPA protectora a las superficies y reaviva los colores, dándoles más intensidad y brillo. Un barniz puede alterar el acabado de manera espectacular, y su misión es embellecer además de proteger. Los barnices pueden ser tanto mates como brillantes; a veces se incorpora un tinte de color al barniz para darle un acabado decorativo.

Los barnices actuales están basados en resinas sintéticas y al agua. Son resistentes, de secado rápido, y no amarillean. Los barnices acrílicos han sustituido en gran parte a los barnices poliuretanos al aceite, precisamente por estas razones. Aparte de los barnices al agua y al aceite, los hay al alcohol, de los cuales el mejor es el barniz de laca.

Son varias las características de los barnices clásicos que hacen que éstos sean distintos de los barnices contemporáneos. Los barnices clásicos están hechos a partir de resinas naturales como el copal y el damar. La resina damar es relativamente fácil de manejar. Se ponen grumos de damar junto con una cantidad equivalente de trementina en un recipiente de cristal que debe cerrarse herméticamente. El recipiente debe ser agitado a diario, y al cabo de unos cuantos días la resina acabará disolviéndose. Puede que sea necesario colarla. Las antiguas recetas de barniz utilizaban combinaciones de resinas, ya que cada una aportaba cualidades diferentes al producto final. Por ejemplo una se utilizaba por su fuerza, y otra, por su elasticidad.

El color natural del barniz varía enormemente, como puede verse en el panel de madera que hay en la siguiente página. El barniz de laca de color oscuro contrasta fuertemente con el amarillo del aceite de linaza, así como con la transparencia del barniz acrílico moderno. Los barnices también se pueden colorear con pigmento. A veces hay que moler el pigmento para que el barniz quede homogéneo. También se puede usar pintura al óleo para dar color al barniz de poliuretano al aceite. El barniz ha de removerse para que el color no se concentre en el fondo. Muchos barnices clásicos incluían alguna forma de colorante, como sangre de dragón o azafrán, que se utilizaban para producir el rojo y el amarillo respectivamente. A continuación, se detalla una receta de este tipo: 1 parte de goma benzoína, 2 partes de trementina veneciana, 2 partes de barniz de laca, 4 partes de sandáraca. Deje la mezcla en un sitio cálido, hasta que se disuelvan las gomas. Añada alcohol desnaturalizado hasta que la mezcla tenga la consistencia requerida. Puede añadir azafrán para dar color. Cuele antes de utilizarlo.

El barnizado debe efectuarse en un ambiente sin polvo. Es conveniente guardar un pincel exclusivamente para el barniz. Dé pinceladas largas y uniformes, aplicando el barniz en capas tan finas como sea posible. No barnice en exceso o las pinceladas serán visibles, y tendrá que lijar la superficie. Es mejor aplicar dos o tres capas delgadas que una sola gruesa.

Suelos barnizados
Tanto el diseño de estrella (arriba) *como el patrón inspirado en azulejos* (derecha) *han sido creados por el artista Thomas Lane, que utilizó barnices coloreados con pinturas al óleo y pigmentos. La cualidad transparente de los barnices permite que se vea la textura natural de la madera, en particular los tonos más claros, dando a los suelos una calidad diáfana.*

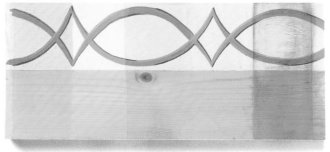

Muebles con barniz de laca
A este armario (arriba) se han aplicado varias capas de barniz de laca con un algodón, hasta conseguir un acabado de gran brillo. Esta técnica tan especializada, que se conoce como pulido francés, produce acabados muy refinados.

Barnices para muebles
Al panel de madera (izquierda) se le han aplicado cinco barnices diferentes, después de una capa de pintura. De izquierda a derecha estos barnices son: de aceite de linaza, acrílico, sandáraca, de poliuretano y de laca oscuro.

Tratamiento con cal

EL TRATAMIENTO CON CAL es un acabado tradicional. Cada año era costumbre encalar las paredes de las casas y utilizar en la madera los restos de cal. Como la cal húmeda es cáustica, tenía la ventaja de protejer las casas de insectos y bacterias.

La cera de cal es un producto hecho de pigmento blanco, mezclado con cera de abeja, que se utilizó para suelos durante el siglo XVIII. Puede confeccionarse fácilmente en casa, utilizando polvos de pigmento blanco para aclarar la cera. Es más firme que el tratamiento con cal tradicional, pero produce un efecto de madera encalada con un brillo suave. Da un efecto blanqueador o decolorante que permite que el veteado y los nudos de la madera queden visibles. Es un acabado suave y delicado que transforma grandes piezas, oscuras y anticuadas, en muebles claros de aspecto contemporáneo. La cera protectora tiene un agradable aroma que perdura.

El sutil efecto de la cera en el tratamiento con cal
Esta cómoda de los años 30 (derecha) *era un mueble lúgubre con su barnizado original. Tras decaparlo y tratarlo con cal, aparecen las vetas de la madera de roble realzadas.*

Cera de cal para diferentes maderas
El roble y el pino (abajo) *son dos de las maderas más apropiadas para el tratamiento con cal. Tienen unas vetas anchas que soportan bien la cera. Para oscurecer la madera, se puede teñir antes del tratamiento o utilizar una cera negra que contraste con la madera clara.*

Pino

Roble

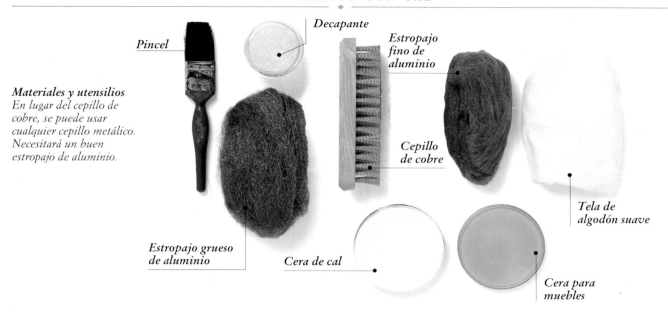

Materiales y utensilios
En lugar del cepillo de cobre, se puede usar cualquier cepillo metálico. Necesitará un buen estropajo de aluminio.

Pincel

Decapante

Estropajo fino de aluminio

Cepillo de cobre

Tela de algodón suave

Estropajo grueso de aluminio

Cera de cal

Cera para muebles

TRATAMIENTO CON CAL DE UNA CÓMODA

1 *Decape el mueble, y si es necesario lije la superficie hasta que quede suave. Cepille en la dirección de las vetas para sacar la madera sobrante.*

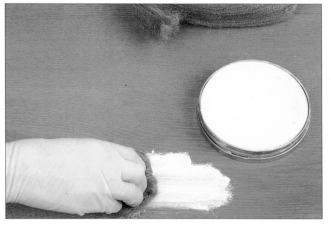

2 *Moje el estropajo fino en la cera de cal. Frótelo sobre la madera, siguiendo las líneas del veteado en ambas direcciones.*

3 *Déjelo secar durante 30 minutos. Moje otro estropajo fino en la cera de muebles y frótelo por la superficie, para sacar la cera de cal.*

4 *Pula la superficie con una tela de algodón suave. Esto le dará un acabado lustroso y suave. Se puede volver a encerar de vez en cuando.*

Técnicas del artista

• Fresco • Pintar a la cola •
• Pátinas para pared •

IRANDO LA HISTORIA, se pueden dividir las técnicas del artista decorador en dos categorías: la del profesional especializado y la del artesano sin formación o la persona que pinta y decora su propia casa.

El trabajo profesional comenzó con los murales griegos y romanos, y tuvo un gran desarrollo durante el Renacimiento italiano, cuando el artista empezaba como aprendiz de algún maestro. Al terminar su aprendizaje, la alta nobleza y el clero encargaban al artista la decoración de las paredes y techos en las grandes mansiones, los palacios y las iglesias. Estos suntuosos trabajos los llevaban a cabo hombres cuyos nombres nos son familiares por sus obras de arte: Giotto, Piero della Francesca, Miguel Ángel.

Durante la misma época, en las paredes de las casas del norte de Europa se empleaban técnicas de decoración mucho más sencillas. Por desgracia, pocas de esas pinturas han perdurado. Las que han sobrevivido hasta nuestros días incluyen desde diseños simples y primitivos hasta temas monumentales, basados en personajes mitológicos, bíblicos y clásicos. Los colores que más han aguantado el paso del tiempo son el blanco, el negro, el rojo y el ocre amarillo. Otros no han mantenido su intensidad y se han deteriorado con los años. Estaban de moda los adornos geométricos y estilizados en blanco y negro, como los diseños de galones o zigzags complicados que decoraban las vigas. También era común colgar en las paredes telas pinta-

Este detalle de una pared pintada al fresco (izquierda) por Fleur Kelly, muestra la calidad única de esta técnica. Los pigmentos actúan como un baño tintado que permite apreciar las texturas del yeso.

das imitando tapices; servían tanto para adornar como para dar calor.

En Inglaterra, tras la guerra civil del siglo XVII, escaseaban los artesanos con oficio, porque la puritana Commonwealth consideraba la decoración algo frívolo e impío. Cuando el rey Carlos II volvió del exilio, buscó artesanos hábiles en Flandes, Francia, Holanda e Italia. A instancias del rey, Antonio Verrio pintó las paredes del palacio en Hampton Court. Lo hizo con las técnicas que importó, basadas en la gran tradición de bellas artes que había florecido en Europa, y que todavía se puede apreciar en las suntuosas pinturas de paredes y techos de los magníficos palacios y las casas señoriales. Con frecuencia, este tipo de trabajo incluía la técnica de *trompe l'oeil* o trampantojo —pintura que crea una ilusión óptica tridimensional— y la de *grisaille* —pintura monocromática que simula detalles arquitectónicos.

Por otro lado, era popular la pintura naif o primitiva, realizada por pintores no profesionales, que tenían una frescura muy atractiva. Pintores ambulantes decoraban las paredes de las habitaciones más importantes a cambio de poco dinero, casa y comida. Un tema muy popular entre los colonos americanos era la idealización del paisaje que los rodeaba; también empleaban la técnica del estarcido para crear franjas y adornos.

Los tipos de pinturas para pared han cambiado tanto como el carácter, las técnicas y las costumbres a través del tiempo y del lugar geográfico. Los ecologistas y los químicos han analizado las pinturas, pero hay más información de unas que de otras. Por ejem-

La decoración con temple al huevo empleada en este marco (izquierda) es un ejemplo típico de la pintura para muebles, particularmente en Escandinavia, en donde a la mezcla de pigmento con huevo se le añadía aceite de linaza. Esta fórmula cuando se seca se vuelve muy dura y resistente, aunque su aspecto suave, delicado y mate no lo sugiera.

Utilizar el pincel adecuado (derecha) siempre simplifica el trabajo, y contribuye a dar mayor realce a la pintura.

secaba, se podía pulirla para darle brillo. El temple al huevo no se utilizaba sólo para frescos, sino también para decoraciones más sencillas, sobre todo en las zonas rurales. En Suecia, era muy popular para paredes y muebles pintados. También se usaba leche con cal, particularmente en América, y existen pruebas que indican que el pigmento se mezclaba con agua y ron, quizá para crear un tipo de tinte al alcohol para el yeso. El encalado de color también era popular, sobre todo en algunas zonas de Europa como pintura de exteriores, por ejemplo, en Alemania, Austria y Suiza.

Los nobles siempre han protegido y contratado a los artistas, y por eso se asocia a estos últimos con los trabajos de más calidad. La invención del papel pintado barato y producido a gran escala en los años 30 del siglo XIX, representó una disminución del patrocinio que tenían los artistas para las cuestiones decorativas. No obstante, seguía habiendo una cierta demanda, que estos últimos años se ha reavivado. Muchos pintores-decoradores de la actualidad han estudiado bellas artes, y ahora son contratados para pintar paredes con técnicas delicadas e innovadoras y para utilizar fórmulas y materiales antiguos. Si se siente reacio a pintar con las técnicas artísticas, debido a la falta de aprendizaje, o cree que hay que saber dibujar para aplicarlas, piense que realmente lo único importante es valorar el equilibrio de cada diseño. Puede empezar recogiendo información en los libros, copiando dibujos simples (que pueden ser geométricos) y planeando su trabajo a pequeña escala, antes de enfrentarse a una pared entera. Empiece con zonas pequeñas, como los bordes y los frisos, para ir ganando confianza.

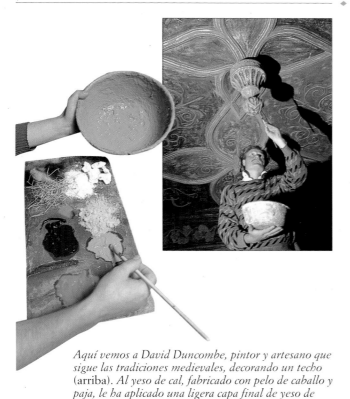

Aquí vemos a David Duncombe, pintor y artesano que sigue las tradiciones medievales, decorando un techo (arriba). Al yeso de cal, fabricado con pelo de caballo y paja, le ha aplicado una ligera capa final de yeso de París, antes de colocar las molduras de yeso, hechas a mano. Luego, lo ha pintado y envejecido, frotando toda la superficie con un trapo mojado con una mezcla de aceite de linaza, esencia de trementina y arena, como abrasivo fino, además de un pigmento de sombra natural.

plo, sabemos que los frescos italianos se pintaban con pigmento sobre yeso fresco de cal. Las pinturas para la decoración de interiores varían mucho de formulación según la disponibilidad de los materiales y del saber local.

Las pinturas medievales se fabricaban con pigmentos y cola animal. También se empleaba cera derretida a la que se le añadía pigmento; cuando aquélla se

En los siglos XVIII y XIX se decoraban los objetos, como esta caja (derecha), con pluma y tinta. Normalmente, se trazaba el dibujo con tinta negra sobre pintura blanca, y luego se barnizaba. Se pueden utilizar la tinta china o india clásicas, como en esta muestra, o bien gouache o acrílico suficientemente diluido para poderse aplicar a plumilla.

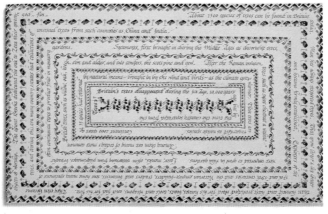

Para transferir un dibujo sobre papel (arriba) a una pared, primero se perfora el contorno con una aguja. Luego se coloca sobre la pared, se frota con pigmento oscuro envuelto en muselina, y la imagen del contorno queda marcada.

Fresco

EL FRESCO ES UN MÉTODO de pintar paredes clásico y tradicional: algunos ejemplos antiguos son los murales griegos, etruscos y romanos, así como los frescos del Renacimiento italiano. El fresco tiene una belleza intrínseca debido a la profundidad y sutileza de sus colores. En el *buon fresco*, la técnica clásica, se aplica el pigmento mezclado con agua sobre una superficie de yeso de cal mojada; la cal actúa como agente aglutinante, y la permanencia es el resultado de la acción química de la cal, que se transforma en carbonato de calcio. Es una forma de decorar paredes muy duradera, porque el pigmento se convierte en parte del sustrato.

Antes de pintar un fresco, la superficie de la pared ha de prepararse cuidadosamente. Primero se enyesa con una capa gruesa a la que llaman *arriccio*, y seguidamente se aplica una capa fina *intonacco*, cuidando de que no se seque antes de finalizar el trabajo. No es tan desalentador como parece, dado que se puede aplicar sobre pequeñas zonas cada vez, y se pueden eliminar los trozos de yeso seco al final del día. Esto es factible porque el yeso permanece relativamente suave.

La inspiración para un fresco actual se puede encontrar en las fuentes clásicas, por ejemplo, en los templos de la Grecia antigua, el palacio de Knossos, las villas romanas, los murales de Pompeya y las increíbles pinturas de los artistas del Renacimiento italiano, como Giotto y Miguel Ángel.

El ejemplo mostrado aquí es de una habitación en-tera, lo cual es una tarea desalentadora para cualquiera. Sugerimos que aplique el fresco en una zona pequeña de la pared; o sea, que pinte un cuadro permanente en ella.

La preparación del yeso de cal se debe hacer meticulosamente; se elabora a partir de una capa gruesa de masilla de cal y arena. Aparte del *buon fresco*, que se debe pintar sobre una superficie mojada o sobre

Belleza sin edad
Este detalle de la pared (arriba) *muestra la belleza de la textura de la superficie del yeso, y la suavidad del color.*

mortero de cal recién hecha, también se puede pintar sobre mortero parcialmente seco *(mezzo fresco)*, o sobre mortero de cal seco *(secco)*. En este caso, se le debe añadir un medio aglutinante al pigmento. El mejor es el temple al huevo (véase página 131), pero también puede ser la pintura de caseína fabricada con leche desnatada y agua de cal (el agua clara que surge de la masilla de cal cuando se deja reposar). Para el fresco sólo se pueden usar pigmentos resistentes a la cal, debido a que ésta es un alcalino y destrozaría los pigmentos ácidos. (Véase página 129 para la lista de pigmentos resistentes a la cal.)

Habitación al fresco
Esta habitación al fresco (abajo) *es una creación de Fleur Kelly. Primero la planeó y la dibujó a escala sobre el plano* (izquierda). *La habitación sirve de pequeño comedor y está amueblada con sencillez: la belleza del fresco habla por sí misma.*

Algunos pigmentos son más adecuados para el *buon fresco*. La paleta tradicional del fresco italiano contiene blanco, negro, óxidos rojos, tierras verdes y amarillas y azul egipcio, hoy en día reemplazado por el azul ultramar.

Se puede imitar la técnica del fresco, aplicando sobre una superficie de yeso grueso o fino látex/vinilo blanco para después pintar sobre esta base con acrílicos. Toda la capa se puede rebajar posteriormente con un papel de lija muy fino, y luego encerar con una cera muy dura como la microcristalina.

Si la idea de pintar un fresco parece demasiado abrumadora, se puede conseguir un efecto similar añadiendo pigmento al yeso antes de ponerlo sobre la pared. Utilizando grandes e irregulares cantidades de pigmento, se puede crear un efecto de moteado. Otra alternativa es mezclar el pigmento hasta conseguir un color sólido y uniforme. Este método se utiliza en Italia, España, Portugal y el norte de África.

Preparar la superficie

Aquí (abajo) *se muestran los dos lados de una sección de pared fabricada de madera y la primera capa de mortero de cal, conocido como* arriccio, *que es una mezcla gruesa. El mortero de cal está compuesto por 1 parte de masilla de cal y 3 de arena.*

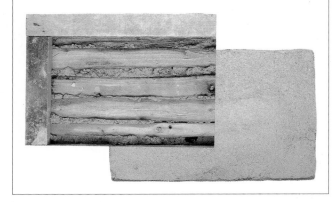

TÉCNICA DEL FRESCO

1 *La capa final de mortero es una mezcla a partes iguales de arena fina y masilla de cal. Esta capa debería ser muy fina, de unos 3 mm.*

2 *Tras dejar reposar el* intonacco *(la capa fina) mojado durante 2-3 horas, prepare los pigmentos y empiece a pintar el fondo. Es importante disimular las pinceladas.*

3 *Luego pinte los detalles. La pintura se hace* alla prima *(los errores no pueden ser corregidos), así que es importante trabajar el diseño con anterioridad.*

4 *Éste es un dibujo muy simple. Para otros más complejos, hay que hacer primero un boceto y luego copiar el contorno sobre la pared.*

Materiales y utensilios
Aunque existen pinceles especiales para pintar al fresco, se puede utilizar cualquier pincel. Los pinceles abanico son adecuados para alisar las capas irregulares. Es importante utilizar solamente pigmentos resistentes a la cal (abajo derecha).

Instrumentos para medir

Pinceles para fresco

Paleta para yeso

Cubo con paleta y mortero de cal

Paleta de papel para mezclar colores

Pigmentos resistentes a la cal

Buon fresco
Aquí (izquierda) *se han utilizado pocos colores, todos basados en la paleta romana. Esta técnica de pintura al fresco se conoce como* buon fresco: *pintar sólo con pigmento sobre mortero de cal fresco.*

Pigmentos resistentes a la cal
Negro de marfil
Ocre amarillo
Amarillo
Amarillo de Nápoles
Sienas
Sombras
Azul cerúleo
Azul cobalto
Azul ultramar
Violeta
Óxido rojo
Verde esmeralda oscuro
Óxido de cromo
Verde tierra

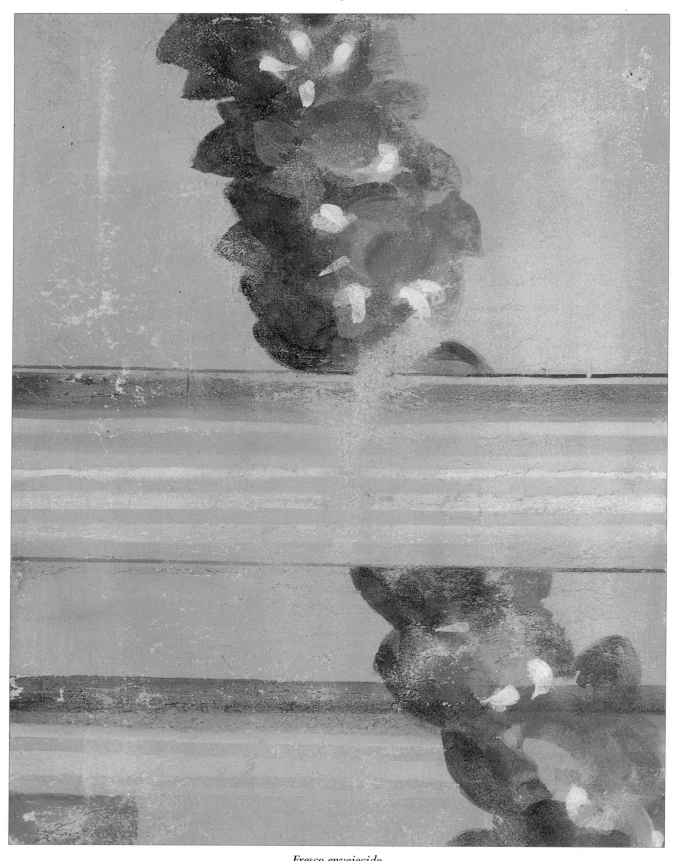

Fresco envejecido
Este buon fresco *romano-británico* ha sido copiado por *Fleur Kelly* de una sección del *London Wall*, que se encuentra en el *Museo de Londres. El efecto de deterioro se ha conseguido rascando zonas concretas con papel de lija.*

Temple

Cuando el yeso de cal está seco, se puede trabajar encima con temple. El pigmento se mezcla con yema de huevo que actúa como vehículo para los colores. Tiene un acabado muy bello, casi mate con un ligero toque satinado, suave y cálido. El tono amarillento de la yema de huevo no afecta los colores.

El temple es una de las primeras pinturas utilizadas por artistas. Es duro, resistente y casi impermeable. El temple al huevo ha resultado ser más permanente que la pintura al aceite. La viscosidad de la mezcla se puede alterar añadiéndole más o menos agua. Debe siempre usarse fresco, el mismo día que se mezcla.

Aceite de clavos o de espliego

Pigmento azul ultramar

Yema de huevo

Bol

Cuchillo

Cuchara

Materiales y utensilios
Todos éstos son fáciles de encontrar.

ELABORACIÓN DEL TEMPLE

1 *Abra el huevo y rompa la peliculita que protege la yema para que ésta caiga licuada dentro de un bol.*

2 *Agregue agua fría y remueva. La cantidad depende de la fluidez que desee.*

3 *Eche el pigmento y remueva hasta que la mezcla quede homogénea de color.*

4 *Para evitar que la pintura se pudra, se le puede añadir un par de gotas de aceite de clavos o de espliego.*

Pintar a la cola

DESDE LA ANTIGÜEDAD, el hombre ha utilizado la pintura como un medio de decoración. Se han ido desarrollando y mejorando diferentes tipos de pintura, al tiempo que la investigación y la tecnología nos han proporcionado más información y nuevos materiales. Sin embargo, estos últimos no siempre son adecuados, y a veces no favorecen ni el medio ambiente ni las superficies tratadas, de la misma forma como lo hacían las pinturas naturales clásicas.

Uno de los tipos de pintura más antiguos es la llamada pintura de cola, que es simple, segura y fácil de fabricar (véanse págs. 78-81). Se solía utilizar en pequeñas cantidades para trabajos decorativos, a diferencia de la lechada/temple. La pintura de cola se utiliza desde la época medieval para decorar paredes, vigas de madera y muebles. Es un error moderno muy extendido creer que las casas en la Edad Media tenían paredes blancas y vigas oscurecidas y al natural. De hecho, la mayor parte de las casas tenían las paredes de yeso cubiertas con gran variedad de dibujos y adornos.

La popularidad de la pintura de cola en los siglos posteriores a la Edad Media es debida, en gran parte, a que es barata y sus ingredientes se encuentran con facilidad. En zonas remotas del norte de Europa, particularmente en Escandinavia, Alemania y Austria, donde durante el invierno con frecuencia escaseaban la leche y los huevos, ingredientes de la pintura de caseína y el temple, la pintura de cola era la alternativa obvia.

Esta pintura lleva como medio o vehículo la cola y como diluyente el agua. No hay ninguna fórmula concreta: cada artesano tenía su propia receta. La cola más utilizada era la gelatina casi pura. Se fabricaba de cualquier ingrediente que fuera fácil de encontrar, y por lo tanto, variaba de región a región. En Occidente, eran más comunes las colas fabricadas con la piel, los huesos y las pezuñas de los animales, mientras que en otros países, como en Japón, lo usual era la cola de pescado. La cultura de esa época favorecía el aprovechamiento máximo de los medios disponibles, así que encontramos tipos similares de pinturas de cola, elaboradas a base de harina de trigo o de centeno, o incluso patata. La pintura cocida finlandesa (véase pág. 20) es una fórmula con harina, pero algo más compleja.

Actualmente, las colas de uso más común son la de piel de ternera y la de piel de conejo, que se venden en

Decoración medieval
Esta decoración medieval (derecha) ha sido pintada por el artista David Cutmore en una casa en Sussex, Inglaterra. El motivo floral y las franjas están copiados de una pared original que data de 1550 y que todavía se puede contemplar en una antigua casa de la región. El diseño del techo es el de otra casa también cercana, mientras que el patrón de galones de las vigas es un dibujo típico medieval, que simbolizaba la generosidad o la gratitud. En un intento de conseguir colores lo más auténticos posibles, el artista ha utilizado una pintura de cola coloreada con pigmentos de tierra.

Materiales y utensilios
Éstos son los materiales tanto para elaborar la pintura de cola como para pintar estos motivos (véanse págs. 134-135).

Varios **pinceles de marta cibelina**

Cucharas

Verde tierra

Rojo de Venecia

Carboncillos para dibujar el diseño sobre la pared

Ocre amarillo

Negro viña

Bol resistente al calor para mantener caliente la cola

Vinagre

Gránulos de piel de conejo

Cazo doble para el baño maría

ELABORACIÓN DE PINTURA A LA COLA

1 *Mezcle 1 parte de cola con 10 partes de agua fría, y déjelo durante una noche. Al día siguiente, añada 10 partes más de agua.*

2 *Eche unas gotas de vinagre para prevenir la formación de moho. Caliente los gránulos en el agua hasta que se derritan.*

3 *Ponga un poco de pigmento (aquí, rojo de Venecia) en un bol y agregue un poco de agua para diluirlo.*

4 *Vierta el pigmento diluido en la cola y remueva hasta que el color quede homogéneo. Ponga la pintura ya lista en un recipiente pequeño.*

gránulos o en láminas. La opción más barata es la cola de piel de ternera, pero no se encuentra con tanta facilidad ni es tan flexible, así que se suele utilizar para fabricar mayores cantidades de pintura, como por ejemplo de lechada/temple, cuando hay que pintar toda una habitación. Los gránulos o láminas de cola se deben dejar en remojo toda la noche. Luego, al calentarlos, se derriten y el compuesto resultante es el pegamento o cola ya listo para usar. Si se enfría, se convierte en un gel que se puede volver a calentar, para que adquiera la fluidez y viscosidad adecuadas. Para comprobar si la mezcla lleva las proporciones adecuadas, se toca con la punta del dedo cuando se ha enfriado; debe tener la consistencia de una gelatina temblorosa, y desprenderse con facilidad. Si cuesta separarla, esto quiere decir que la mezcla es demasiado espesa.

Cuando elabore su propia cola, le debe agregar un par de gotas de vinagre para evitar el crecimiento de moho. La cola se pudre pasados más o menos diez días. En el frigorífico se conserva más tiempo, pero tiende a espesarse, y si se le añade agua para diluirla, puede debilitarse la pintura.

Los pintores medievales metían la pintura en potecitos de terracota y el calor que se generaba al soste-nerlos en la mano, evitaba que la pintura se solidificara. David Cutmore, el artista que aquí mostramos, derrite los gránulos al baño maría y mantiene la temperatura dejando el cazo dentro de otro con agua caliente, sobre un taco de madera. Esto le permite trabajar, sin tener que hacer viajes a la cocina para calentar la cola de piel de conejo una y otra vez. Un bol cualquiera resistente al calor colocado sobre una sartén con agua caliente, mantiene la pintura tibia e impide que se solidifique durante mucho tiempo.

Los pigmentos utilizados en esta muestra son compatibles con la cal, ya que están aplicados sobre yeso de cal. Este diseño de David Cutmore tiene cuatro colores: rojo de Venecia, ocre amarillo, y verde tierra, todos pigmentos de tierra, y negro viña, que se fabrica calcinando los brotes de algunos árboles y otros productos.

La pintura de cola se puede usar sobre yeso de cal al que se le ha aplicado previamente una capa de lechada/temple.

A diferencia del fresco, en el que toda la pintura se hace *alla prima* (los errores no pueden ser corregidos), la pintura de cola se disuelve con agua caliente, o sea que se pueden eliminar los errores.

EL PROCESO DE PINTADO

1 Trace las líneas del dibujo a carboncillo sobre la superficie a pintar. Utilice referencias si es necesario.

2 Rellene todas las áreas con el primer color antes de pasar al siguiente. Aquí el artista utiliza un pincel de pelo largo para trazado de líneas.

3 *El perfilado en negro realza el motivo. El pincel de pelo largo permite trazar líneas más sueltas y cargar más pintura que un pincel de pelo corto.*

4 *Los motivos de galones eran populares para decorar las vigas. Éstas se pintaban para tapar la madera. El pincel plano permite trazar líneas gruesas y finas.*

5 *Cuando la pintura está terminada, se debe rascar toda la superficie con papel de lija fino, alternando aplicaciones de lijado seco y húmedo.*

6 *Se aplica sombra tostada sobre toda la superficie con una brocha seca para apagar los colores. Finalmente, se le pasa otro papel muy fino de lija para que el pigmento penetre en la pared.*

Pátinas para pared

CON LOS AÑOS, el encalado, el fresco y la lechada/temple cogen carácter y se suavizan de una manera particularmente atractiva. Los artistas y los decoradores utilizan una combinación de técnicas para imitar esta pátina natural. No se requiere ningún material especial, sólo un buen ojo para el equilibrio y el tono.

La pintura adquiere diferentes pátinas según su tipo, edad y procedencia. En las zonas tropicales, suele ser brillante al principio, pero luego con el sol empieza a descolorirse y a desconcharse, para acabar mostrando la pintura que había debajo. El efecto es muy distinto al de las casas de una ciudad polucionada, que acumulan capas de suciedad. Para conseguir esta impresión de pared sucia, muchos artistas pintan la primera capa de color chillón, y luego atenúan el tono en las capas subsiguientes. Si los colores son apagados desde el principio, el efecto final será triste y deslucido.

Se tiene que entrever el color original intenso entre las capas más sucias. Éstas pueden hacerse de varias formas. Sombra natural es el pigmento que normalmente se utiliza, pero se puede aplicar en combinación con otros colores. El pigmento se pone en un médium, tipo barniz fino o esmalte transparente mate, se aplica con una brocha y se quita frotando con un trapo. A veces se aplica directamente el pigmento seco sobre el trabajo, cuando éste está aún algo húmedo.

Una vez se ha secado esta capa, hay que eliminarla parcialmente, frotándola o rascándola un poco, para que surja la pintura que hay debajo o incluso el yeso o la base de madera. Para ello se puede utilizar papel de lija, es-

tropajo de acero, o un trapo untado con una mezcla de arena y aceite. Para conseguir una pátina de aspecto pulido, se aplica pigmento seco sobre una pared mojada, y luego se cepilla para que se intensifique y abrillante el tono. Otra técnica es superponer una capa de color diferente a una base ya seca y, casi inmediatamente, enganchar papel de periódico o cualquier papel absorbente, frotarlo y levantarlo, para desprender la pintura de manera irregular. Se puede incluso pintar parcialmente con técnicas como el estarcido, marmoleado o dorado, para imitar el efecto de una vieja pared que ha sido repintada. Para conseguir la textura mate y seca de las paredes antiguas, se puede aplicar un barniz mate.

Un efecto de damasco viejo
Este interior (izquierda) *está hecho por el artista Geoffrey Lamb. La pared estarcida ha sido pintada directamente sobre el yeso, pero antes de aplicar el estarcido ya se había envejecido la capa de imprimación.*

Un efecto de muro
También de Geoffrey Lamb (arriba), *el efecto de pared de piedra de este* trompe l'oeil *se ha escogido para darle una mayor variedad de tonos. Es un ejemplo de la importancia de entender el color y de utilizar una gama de tonos limitada.*

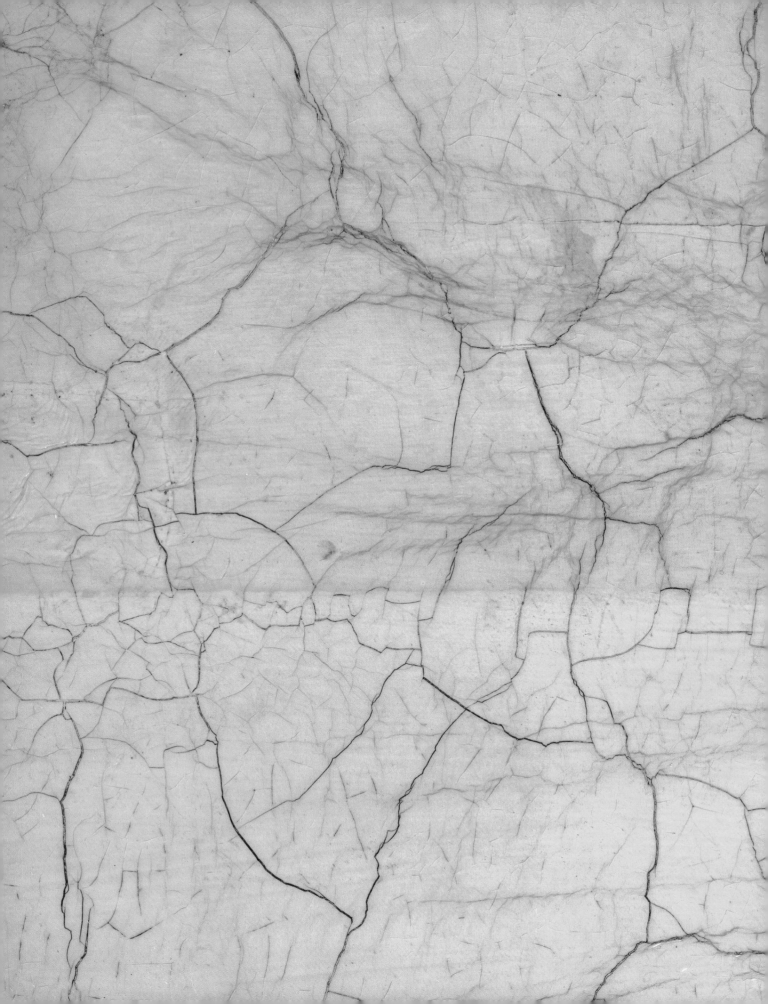

Técnicas del restaurador

• Envejecimiento y desgaste •
• Barniz cuarteado • Pintura desconchada •
• Verdete •

LAS TÉCNICAS DEL RESTAURADOR que aquí se exponen van encaminadas a imitar el aspecto de los muebles antiguos. Gran parte del atractivo de las antigüedades se debe a la pátina que han adquirido con los años. Las capas sucesivas de cera que hacen resaltar el color y la calidad de la madera, las gotas de aceite, el barniz cuarteado, el polvo, las pequeñas manchas, las raspaduras y los cortes, todo ello contribuye a dar carácter al mueble. La textura de una superficie debe tener sentido histórico. Desgraciadamente, muchos muebles habrán perdido su atractivo como muebles pintados, a causa de la moda del pino natural. Los muebles de pino eran precisamente aquellos que se hubieran pintado, ya que el pino era una madera barata.

Sin tener en cuenta la intención original del artesano, la mayor parte de la gente prefiere que sus antigüedades tengan una cierta pátina que muestre el paso del tiempo. De hecho, no son pocos los que se sorprenden ante la luminosidad del color de un cuadro recién restaurado, ya que estaban acostumbrados a verlo a través de las capas de barnices y suciedad acumulados. Es necesario decidir si se quiere un mueble que parezca antiguo, o si se prefiere ese mueble tal como lo diseñó originariamente el artesano que lo fabricó.

Antiguamente, los muebles de madera se dejaban en su estado natural, pero en el siglo XVII, cuando empezó a surgir la idea de diseñar las habitaciones como un conjunto integrado, los muebles se empezaron a pintar para que formaran parte de la decoración. Son relativamente pocos los muebles antiguos pintados que han sobrevivido en su estado original, debido a que no es hasta el siglo XX que se desarrolla el gusto por la calidez de la pintura antigua. En el pasado, en cuanto un mueble se estropeaba, lo que se hacía era pintarlo, dorarlo o lacarlo de nuevo; es decir, se restauraba de una forma u otra. Los muebles que han sobrevivido se encuentran ahora en los museos o en los palacios, aunque también se pueden hallar ejemplares en algunos sectores más pobres donde la restauración ha sido siempre una opción demasiado cara.

Un mueble bien restaurado y pintado puede parecer totalmente auténtico. Y la verdad es que, algunos comerciantes sin escrúpulos intentan hacer pasar por auténticas algunas piezas de mobiliario que no son sino reproducciones. Ello no quiere decir que los buenos artistas contemporáneos de la decoración no utilicen también las técnicas de restauración para crear efectos, en este caso, no obstante, sin ánimo de engañar a nadie. Es normal que, en estas circunstancias, se indique con un sello o una marca la procedencia moderna de la pieza.

Se pueden hacer servir gran número de técnicas para imitar el aspecto exterior, gastado y repintado

de los muebles antiguos, y algunas de ellas se describen e ilustran en este capítulo. Son técnicas fáciles y la mayoría comprenden la aplicación de barnices con distintos tiempos de secado, el lijado de varias capas de pintura, así como una variada utilización de la misma. El truco reside en saber aplicar la pintura, la cera y los barnices, aunque también tiene gran importancia la sensibilidad por los colores. Finalmente, lo que cuenta es el tacto y la impresión que se desprenda de la superficie pintada.

Para empezar, puede se útil mirar libros de referencia o visitar museos, para ir penetrando en la atmósfera de la época. Por ejemplo, si se aplica una capa de barniz cuarteado, es mucho mejor hacerlo por partes que sobre toda la superficie a la vez. Gran parte del atractivo de los muebles antiguos se debe a la calidad irregular de sus acabados. El acabado deber ser más oscuro en algunas zonas,

Las ceras transparentes pueden ser fácilmente coloreadas con pigmentos secos, cuando se persigue un color exacto para efectos de concordancia. Una vez el mueble está seco, se puede frotar con papel de lija o con un estropajo de aluminio, para conseguir una buena pátina (arriba).

quizá cerca de las bisagras o en las esquinas, para sugerir una acumulación de cera y suciedad. En otras zonas, por el contrario, deber aparecer gastado: en los bordes o cerca de las asas, para aludir al uso continuado.

Para estos menesteres, es muy útil el conocimiento de los colores y de la forma de mezclarlos. Los colores modernos, particularmente los comerciales, no necesariamente tienen ese sabor que demanda la decoración de un mueble antiguo. A menudo son colores demasiado diáfanos, por lo que quizá deben ser oscurecidos, por ejemplo, con pigmento de sombra natural.

Una alternativa es cubrir toda la superficie con una cera oscura. Se puede usar colores de reproducción o se puede simplemente realizar las

El envejecimiento de este marco de espejo cuarteado (izquierda) *se ha conseguido mediante una capa irregular de cera fría, de color oscuro, aplicada sobre pintura blanca y pintura color rojo tierra. Para conseguir las grietas, se ha aplicado una gruesa capa de esmalte cuarteado, seguida de otra capa, igualmente gruesa, de pintura blanca, ambas aplicadas horizontalmente.*

propias mezclas. Los amarillos limón y los rojos no eran colores fácilmente asequibles en el pasado, sobre todo en su modalidad al aceite que, siendo la más resistente, es la que se hubiera empleado para pintar muebles. Las paletas estaban normalmente restringidas a los colores tierra y a algunos azules y verdes. Sólo los mejores muebles de las lujosas mansiones podían utilizar pigmentos más brillantes y más caros.

Toda pintura destinada al encerado con tonos oscuros, deberá ser de un color bastante intenso, pues de lo contrario éste desaparecerá durante el proceso. En esta muestra (izquierda) se han pintado varios colores sobre un fondo ocre. Es importante hacer este tipo de prueba antes de empezar a trabajar en algún mueble.

No se recomienda emplear estas técnicas sobre un mueble antiguo de alta calidad. La restauración de antigüedades valiosas es una técnica altamente especializada que debe dejarse en manos de los restauradores profesionales. Hay fabricantes de muebles que producen excelentes reproducciones sin decorar, destinadas al artista de la decoración; muchos de ellos copian diseños shaker. Es necesario recordar también que las buenas tiendas de muebles usados, así como ciertos mercados, constituyen una inapreciable fuente de material.

Existen diversas técnicas, todas ellas con buenos resultados, para envejecer los muebles antes de pintarlos. Entre estas técnicas se incluye el golpear la parte superior de las mesas con un manojo de llaves u otros objetos duros, para ocasionar hendiduras que sugieran una superficie gastada. Algunos restauradores también utilizan una pequeña taladradora para hacer agujeros que simulen carcoma, o diseminan por la superficie gotas diminutas de pintura para que parezcan incrustaciones de suciedad. (Estas mismas técnicas se pueden utilizar

con colores modernos, sin ninguna referencia ni al tiempo ni a la antigüedad, para crear diseños elegantes, modernos y sorprendentes.) Es posible colorear las ceras con pigmentos, y el barniz y el esmalte cuarteados se pueden utilizar con colores que contrasten. Asimismo, cualquier superficie puede ser cambiada de forma espectacular mediante el uso de distintos colores, barnices y ceras. No estará de más disponer de una super-

En este caso, se aplicó esmalte cuarteado sobre dos tonos muy similares de blanco roto (izquierda), y una vez seca la última capa, se pintaron algunos motivos clásicos encima. Estos dibujos también se desconcharon, como la pintura vieja, sin necesidad de una segunda capa de esmalte. Es conveniente dibujar primero con lápiz y hacer luego los sombreados, para seguir con los reflejos y otros tonos de gris.

ficie en la que experimentar, antes de perder tiempo, dinero y materiales cometiendo algún error.

También se debe mencionar que estas técnicas e ideas no necesariamente se limitan a muebles o a objetos pequeños. Asimismo se pueden utilizar sobre paredes y puertas, así como en toda la carpintería de una habitación, si lo que se quiere es dar carácter y sentido histórico a un interior. En este caso, las técnicas se tendrán que aplicar a gran escala, pero teniendo en cuenta que el trabajo se realizará mayoritariamente sobre zonas planas, no hay ninguna razón para que no pueda llevarse a cabo.

Esta vieja puerta francesa (izquierda) se ha desgastado alrededor de la cerradura, debido a su constante uso. Para conseguir que el envejecimiento de los muebles sea convincente, hay que pensar en cuáles serían las zonas más desgastadas; lugares como las esquinas, los bordes, los pomos y los cajones.

Envejecimiento y desgaste

Las palabras «envejecido» o «antiguo» se utilizan para describir un aspecto más que una técnica específica, particularmente en lo que se refiere a los muebles pintados, en los que la pintura se ha oscurecido, gastado y desconchado con los años. Hay una amplia gama de materiales y de técnicas que se pueden utilizar para obtener este aspecto.

El método más simple es pintar una capa final sobre la primera capa de imprimación, y cuando se seca, rascar la superficie con papel de lija fino hasta llegar, en algunas zonas, a la capa de imprimación, y en otras, hasta la madera. En las zonas que estén menos gastadas, permanecerá algún rastro de la capa final. El último paso consistirá en frotar toda la pieza con cera para muebles, asegurándose de que se han cubierto todas las zonas, incluidas las grietas y las hendiduras. A continuación, hay que pulir con un trapo suave de algodón, hasta sacar brillo. Si se quiere aumentar la protección y el brillo, se puede repetir el proceso de encerado.

En algunas zonas, se puede utilizar barniz cuarteado y esmalte cuarteado, y, en el caso de este último, hay la posibilidad de añadir, antes de barnizarlo, pigmento de sombra natural al efecto de pintura desconchada. También es posible añadir sombra natural al barniz, aunque ambos pueden resultar difíciles de mezclar. En las tiendas de arte, se encuentran barnices para envejecer o dar pátinas. Una vez aplicado el barniz final, se frotan algunas zonas con un estropajo duro, y las rascadas resultantes se rellenan de «suciedad», mediante un poco de pintura al óleo, aplicada con un trapo. También es posible envejecer deliberadamente los muebles, dándoles golpes y produciendo muescas. Se pueden simular manchas y agujeros de carcoma, salpicando la superficie con pintura oscura. El truco reside en aplicar todas estas técnicas irregularmente.

También se deben tener en cuenta los colores. Normalmente se utilizan dos colores, una capa de imprimación y una segunda capa. Obviamente, la elección es importante; tanto el verde oscuro sobre el rojo como el azul sobre el naranja imitan madera antigua terminada con un color oscuro, y recuerdan los antiguos muebles irlandeses o los coloniales norteamericanos. Usar colores más atrevidos como el rosa brillante o verde lima, con una cera ligeramente coloreada, crea un efecto reminiscente del estilo mexicano, caribeño o indio. Si se usan colores de tono parecido, se conseguirá un efecto más cálido y suave. En general, se trata de que quede al descubierto la primera capa en aquellas zonas en que el mueble tendría que haber sufrido un mayor desgaste. Cualquiera que sean los colores escogidos, es necesario recordar que éstos oscurecerán cuando se les aplique la cera.

Pintura desconchada y papel de lija
Partes de esta mesa (abajo) fueron tratadas con esmalte cuarteado, sobre una base de verde oscuro. El dibujo, pintado con blanco roto y verde pálido, fue lijado y finalmente barnizado.

Cera y papel de lija

Este pequeño panel (derecha) *tiene una capa de imprimación de pintura al agua de color marrón rojizo. Una vez seca la imprimación, se aplicó de forma irregular una capa de verde, sobre la que se realizó un estarcido con acrílico de color crema. Esta segunda capa fue rascada desigualmente con un estropajo de aluminio y encerada.*

Mesita de noche

Aquí vemos la parte superior de una mesita de noche, encerada y envejecida, sobre la que hay un estarcido desgastado y un poco de pintura. La capa de imprimación se puede frotar hasta que quede suave y uniforme, o bien se pueden dejar las pinceladas, como se ha hecho aquí, para que su textura acumule irregularmente la cera.

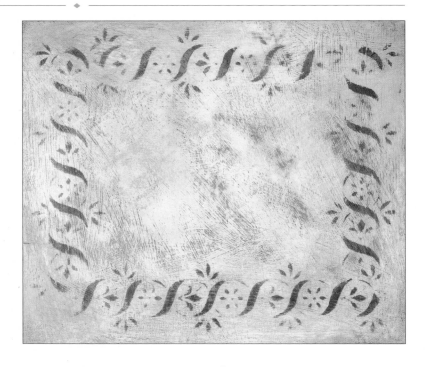

CÓMO ENVEJECER Y HACER UN ESTARCIDO EN UNA CÓMODA

1 Mezcle perfectamente dos acrílicos, un verde suave y un azul claro, en una cubeta. Quite la pintura sobrante del pincel.

2 Coloque adecuadamente la plantilla y aplique con cuidado la pintura sobre la misma.

3 Repita la operación, hasta crear una cenefa a lo largo de los bordes de la cómoda.

4 Mezcle cera transparente y pigmento azul ultramar mediante una espátula, hasta que el color quede perfectamente homogéneo.

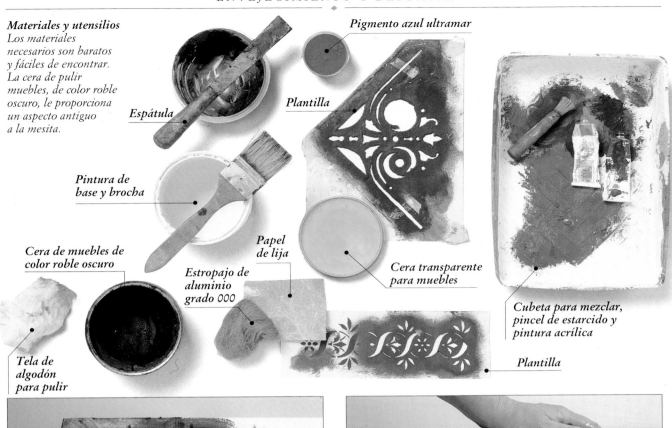

Materiales y utensilios
Los materiales necesarios son baratos y fáciles de encontrar. La cera de pulir muebles, de color roble oscuro, le proporciona un aspecto antiguo a la mesita.

Espátula

Pigmento azul ultramar

Plantilla

Pintura de base y brocha

Cera de muebles de color roble oscuro

Papel de lija

Estropajo de aluminio grado 000

Cera transparente para muebles

Cubeta para mezclar, pincel de estarcido y pintura acrílica

Tela de algodón para pulir

Plantilla

5 *Cuando la pintura del estarcido se haya secado, aplique la mezcla de cera y luego frote la superficie con un estropajo de alumino del grado 000.*

6 *Deje endurecer la mezcla de pigmento y cera durante 30 minutos, antes de pulir la superficie con una tela de algodón.*

7 *Con un papel de lija fino, rasque irregularmente la superficie, para desgastarla y para quitar pintura y cera.*

8 *Con un trapo de algodón, frote y pula la superficie con cera de color roble oscuro, para envejecer y oscurecer los colores.*

Barniz cuarteado

Los decoradores han sabido siempre que hay ciertos productos cuya mezcla provoca una reacción que hace que una superficie se cuartee. Muchos antiguos manuales de pintura explican cómo evitar que esto suceda, pero aquí esta propiedad se emplea deliberadamente como parte de la técnica. El acabado final es un efecto de barniz cuarteado o distorsionado que se puede utilizar sobre pintura, découpage, estarcido o un dibujo original. No sólo es una técnica de envejecimiento. Si se utiliza, por ejemplo, sobre una superficie pintada de rojo oscuro, y con crema de dorar en las grietas, el resultado puede ser impresionante.

El barniz cuarteado, también conocido como *craquelure*, se encuentra en paquetes que contienen dos tipos de barniz: uno al aceite y el otro, al agua, de secado rápido. Primero se aplica el barniz al óleo y sobre éste se pone el barniz al agua. Como sustituto, se puede utilizar goma arábiga sobre un barniz al óleo. La diferencia en los tiempos de secado produce grietas, dentro de las cuales se aplica pintura para que resalten. Cuanto más se retrase la aplicación de la segunda capa, más pequeñas serán las grietas.

Imitación de mesa del siglo XIX
Sobre esta mesa (página opuesta) *se aplicó una base de blanco roto. Tras el tratamiento con barniz cuarteado, las grietas fueron frotadas con óleos de color sombra natural y negro de marfil para crear un efecto que recordase el marfil antiguo. Se aplicó una capa de barniz de poliuretano para proteger la superficie acabada.*

Materiales y utensilios
Los materiales y la técnica necesarios para conseguir un buen acabado de barniz cuarteado son simples. Experimente con los tiempos de secado, para determinar el tamaño de las grietas. Un secador de pelo puede ayudar a crearlas, pero recuerde que demasiado calor puede causar que se desconche toda la capa.

Barniz de secado lento al óleo

Barniz de poliuretano

Óleos de artista

Barniz de secado rápido al agua

Tela de algodón

Brocha para aplicar el barniz

CÓMO APLICAR EL BARNIZ CUARTEADO

1 *Con una brocha suave, aplique una capa fina del barniz al aceite sobre una superficie limpia y no porosa. Asegúrese de que la está aplicando uniformemente para que el tiempo de secado sea el mismo. Deje secar hasta que esté pegajoso.*

2 *Aplique una capa de barniz al agua sobre la capa anterior, mientras ésta esté aún pegajosa. Deje secar durante aproximadamente 30 minutos, hasta que aparezcan grietas en la superficie.*

3 *Cuando la segunda capa esté totalmente seca, aplique en las grietas un poco de pintura al óleo, frotando con una tela de algodón untada con la misma. Elimine el residuo de pintura.*

4 *Cuando la superficie se haya secado, deberá protegerse con barniz de poliuretano, ya que el barniz al agua utilizado para la técnica de cuarteado se puede dañar con facilidad.*

Pintura desconchada

CON ESTA TÉCNICA se pretende imitar el aspecto de pintura vieja que se ha desconchado y agrietado, mostrando una capa de pintura anterior. Es muy rápida y fácil de llevar a cabo. Entre dos capas de pintura al agua, se coloca otra de esmalte cuarteado tipo médium. Se pueden adquirir varias clases de esmalte cuarteado. Son ligeramente distintos, pero todos operan bajo el mismo principio de una capa que se sitúa entre dos superficies de pintura. Cualquier motivo, pintado o estarcido sobre la segunda capa de látex/vinilo, también se agrietará.

El tipo de pintura que se utilice es crucial. Algunas pinturas de látex/vinilo tienen demasiado plástico y el esmalte cuarteado no se adhiere bien a ellas. Se recomienda probar en una parte no visible del mueble, si no se está seguro de los resultados.

También se puede utilizar goma arábiga como cuarteador. Ésta se encuentra líquida o en cristales que se disuelven en agua hirviendo. Se deben aplicar dos capas de goma arábiga. Cuando esté completamente seca, se aplica la última capa de pintura de látex/vinilo.

Cuando se utilizan dos colores o tonos muy diferentes, el efecto de desconchado recuerda al de puertas y ventanas de exteriores. Pero si se busca un aspecto más clásico y delicado, se pueden utilizar dos colores de parecida intensidad, como un crema y un gris.

Materiales y utensilios
Haga una prueba para asegurarse de que la pintura de látex/vinilo es la adecuada. Aquí se han utilizado pinturas que imitan las del siglo XVIII. En el acabado, como alternativa al poliuretano, se puede utilizar barniz de envejecer o cera oscura.

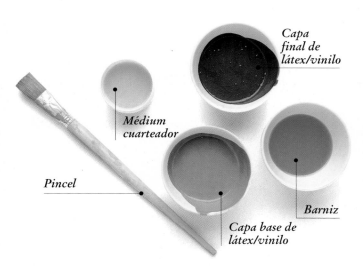

Capa final de látex/vinilo

Médium cuarteador

Pincel

Barniz

Capa base de látex/vinilo

PINTURA DESCONCHADA SOBRE UNA CAJA

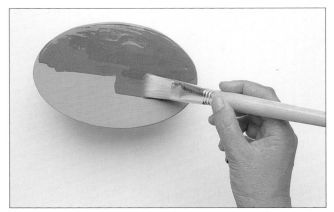

1 *Pinte una capa del color de base y déjela secar totalmente. Utilizando un pincel adecuado, aplique el médium cuarteador sobre toda la superficie o sobre algunas zonas.*

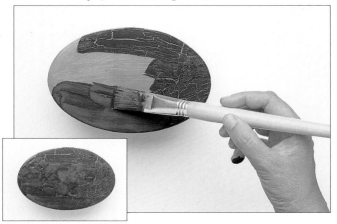

2 *Cuando el médium cuarteador esté totalmente seco, aplique una segunda capa de pintura de un color diferente. El efecto de cuarteado empezará a dar resultado casi inmediatamente.*

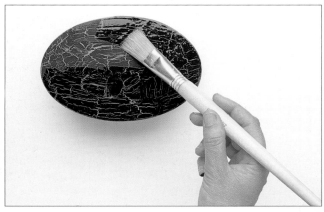

3 *Cuando la superficie esté seca, se puede aplicar a ella una capa de barniz claro para protegerla, o se puede encerar con una cera oscura que le dará una apariencia envejecida.*

Marco desconchado
Para crear estas grietas tan amplias y extensas, este marco fue pintado dos veces con gesso rojo, y cuando estaba seco, se cubrió con una capa gruesa de esmalte de cuarteado. Luego se dejó secar toda la noche. Posteriormente, se dio una capa muy rebajada de látex/vinilo blanco sobre el esmalte de cuarteado. Finalmente, se aplicó la cera oscura para crear una apariencia envejecida.

Verdete

EL VERDETE es la pátina de color verde azulado que, con el tiempo, se forma en el cobre, el latón y el bronce, debido a la acción corrosiva del aire y del agua de mar. Durante un tiempo, también fue utilizada como pigmento, técnica descubierta por los griegos antiguos. Tenía un color hermoso y transparente que variaba desde un verde pálido hasta un verde-azul oscuro. Debía ser aislado de los otros pigmentos con capas de barniz, ya que no era compatible con la mayoría de ellos. Este color se puede utilizar para crear una pátina de verdete de imitación.

Originalmente, el pigmento se confeccionaba introduciendo láminas de cobre o latón en ácido acético diluido (vinagre). Se formaba una costra verde que se usaba como pigmento. El pigmento no era del todo satisfactorio, ya que a menudo se volvía negro cuando estaba expuesto al aire, y a partir del siglo XIX fue sustituido por verdes más fiables, como el esmeralda oscuro. Para hacer una pátina de verdete se pueden utilizar otros pigmentos verdes basados en el cobre, o pinturas como el verde cianina y el verde esmeralda.

Hay dos métodos básicos para crear una pátina de verdete: con pintura o con productos químicos aplicados sobre una lámina de cobre. El primer método se utiliza para grandes áreas, como paredes, piezas de yeso o vasijas de barro de gran tamaño. Son apropiadas las pinturas de caseína o cualquier pintura de textura mate, ya que éstas son muy parecidas en textura al auténtico verdete. La técnica incluye tres capas de pintura. Tras haber encolado el yeso (este paso se omite con frecuencia), primero se pinta de marrón oscuro, por ejemplo con marrón Van Dyck. Cuando está seco, se pintan algunas zonas con un esmalte verde oscuro. En vez de utilizar un pincel, ya que las marcas de pincel son muy obvias, se puede utilizar un trapo o una esponja. El esmalte se puede confeccionar mezclando verde cianina con un poco de pigmento blanco, por ejemplo blanco de titanio, y un poco de sombra natural, para darle profundidad. Cuando esta capa está seca, se añade otra del mismo color, aclarada con un poco de blanco, y aplicada a golpecitos. Los decoradores han desarrollado sus propios métodos para recrear las variaciones que pueden encontrarse en una pátina de verdete. Por ejemplo, en la pared que se muestra (*página opuesta*), este efecto metálico fue creado mediante polvo de bronce.

El segundo método, para objetos más pequeños, requiere láminas de cobre que se pueden romper y fijar sobre una superficie. La lejía de uso doméstico es efectiva para corroer el metal a fin de producir la pátina deseada.

Candelabro antiguo
Este candelabro de madera (abajo) se ha dorado con láminas de cobre. Para conseguir el efecto de pátina de verdete, se ha salpicado con lejía de uso doméstico.

Atmósfera del pasado
Este método tan personal e individual fue aplicado en una casa en Londres por el artista de decoración Geoffrey Lamb (opuesto). El aspecto está inspirado en paredes antiguas y envejecidas, pero tiene un toque de frescura y modernidad. Para conseguir este efecto de verdete, se pinta con látex/vinilo verde diluido un fondo de polvo de bronce y barniz de laca. A continuación se cubre la zona recién pintada con una hoja de periódico, se presiona éste contra la pintura y se separa rápidamente, para conseguir el efecto irregular que se persigue.

Proveedores

Técnicas de pintura

ASTURIAS

Esfer. *Menéndez Pelayo, 27. Tel.: 529 96 19. Oviedo.*
Todo tipo de materiales y complementos para pinturas decorativas.

MADRID

Balatón. *Gravina, 10. Tel.: 523 33 17.* En esta tienda renuevan muebles viejos, no antiguos y los convierte, por medio de estuco y pigmentos, en objetos decorativos actuales.

Blue Moon. *Lagasca, 55. Tel: 578 34 85.*

Tienda-taller de pintura decorativa para suelos, murales y muebles, en la que restauran y crean mobiliario. Imparten cursos de reciclado de muebles y realizan proyectos de decoración.

Faux Arts Decoración. *Lagasca, 106. Tel.: 575 98 98.*

Juan Ignacio Luca de Tena está al frente de este taller. Realiza toda clase de imitaciones de maderas, mármoles, piedras, además de paneles decorativos, pátinas y acabados especiales tanto para paredes como para muebles. Imparte clases de pintura decorativa, con especial atención a la imitación de materiales.

Gleis. *Conde de Peñalver, 30, sótano. E. Tel.: 309 19 69.*
Proyectos de pintura, desde preparación de paredes hasta el acabado final en distintas técnicas. Imparten cursos intensivos de técnicas de pintura tanto mural como sobre muebles.

High Tech. *Conde de Xiquena, 13. Tel.: 319 96 53.*

Ricky Pizarro es el propietario de esta tienda, en la que se puede encontrar toda clase de objetos transformados en piezas únicas, gracias a las pinturas y los diferentes acabados: marmorizados, imitación de madera, piedras, etc

Stenciling. *Núñez de Balboa, 42. Tel.: 576 72 52.*
Tienda especializada en materiales para decorar muebles y objetos, con la técnica de estarcido.

MÁLAGA

La Pintura Artesanal. *Panaderos, 8, entreplanta. Teléfonos: 221 38 60 y 260 10 31.*
Empresa especializada en pintura decorativa: falsos estucos, marmorizados, etc.

VALENCIA

El Hobbista. *El Palleter, 44. Teléfono: 384 58 73.*
Gran variedad de técnicas de pintura. Imparten clases de marmolizado, acabados especiales, imitación de materiales.

Papeles y pinturas

ALICANTE

Francisco Yagües Navarro. *Poeta Quintana, 62. Bajo. Tel.: 521 83 50.*
Bricolaje, pinturas especiales para construcción y decoración, papel pintado, etc.

ASTURIAS

Las Novedades. *Gil de Jaz, 14. Tel.: 524 06 00. Oviedo.*
Tejidos, alfombras y complementos. Papeles pintados, estores, etc.

ÁVILA

Comercial Estévez. *Pza. Sta. Ana, 4. Teléfono: 22 21 13.*
Pinturas, cortinas, moquetas, alfombras, pavimentos y toldos. También tienen mantelerías para la hostelería.

BARCELONA

Pipsa Pintores. *Balmes, 266. Teléfono: 217 26 66.*
Tienda especialista en revestimientos con una amplia gama tanto de coloridos como de acabados.

CÁDIZ

Martín Arroyo. *Cruces, 82. Tels.: 87 09 54 y 87 38 60.*
Manolo Martín Arroyo, profesional de la pintura y con 25 años de experiencia, ofrece sus trabajos de pintura en general, revestimientos y pavimentos especiales de moquetas, corchos, etc.

GUIPÚZCOA

Ortega. *Fuenterrabía, 37. Tel.: 46 51 22 y 46 51 33. San Sebastián.*
Establecimiento especializado en pinturas, esmaltes, barnices y todo tipo de accesorios para pintura.

LEÓN

Decoraciones Díez. *Dr. Fleming, 6. Tel.: 23 32 51.*
Establecimiento especializado en la venta e instalación de pavimentos como parqués y corcho, moquetas, etc., cuentan además con un amplio surtido en pinturas.

LA RIOJA

Ruben Decoración, S. L. *Belchite, 4. Tel.: 25 94 68. Logroño.*
Venden pinturas, moquetas, parqués, tarimas flotantes, papeles, etc.

MADRID

Aki. *Carretera Majadahonda a Boadilla, km 7. Tel.: 639 37 01.*

High Tech. *Conde de Xiquena, 13. Tel.: 319 96 53.*

Pinturas Uvi. *Hortaleza, 50. Teléfono: 522 07 83.*

Pinturas de todo tipo: pintura para fachadas, para interior, para pintar azulejos, tinte de maderas, lacas, barnices, esmaltes, etc.

MÁLAGA

Gala Decoración. *Álamos, 19. Teléfono: 222 55 11; Avda. Los Vegas, 47. Pol. Ind. El Viso. Tel.: 231 26 75.*
Tienda especializada en revestimientos interiores. Cuentan con un amplio surtido en pinturas y papeles pintados, así como parqués, corchos y suelos plásticos.

SEGOVIA

Comercial González. *Polígono Industrial El Cerro. Tels.: 42 50 15 y 42 31 62.*
Todo en pinturas y acabados para paredes, suelos, etc. Cuentan con un almacén de pinturas y materiales.

SEVILLA

Hermanos Galán. *Galicia, 20. Tels.: 466 00 11 y 466 01 12.*
Pinturas Eurocolor y Rubson. Esmaltes, barnices, plásticos y revestimientos contra humedades.

VALENCIA

José Antonio García. *Avda. Cardenal Benlloch, 44. Tel.: 369 69 61.*
Pintura en general con amplia gama de colores. Papeles, revestimientos japoneses, estuco veneciano y moquetas. Realizan proyectos y presupuestos.

VIZCAYA

Lekue Decoración. *Pérez Galdós, 20. Tel.: 427 20 46. Bilbao.*
PVC, papeles pintados, pinturas.

Muguru Decorazioak. *Muguru, 6. Tel.: 456 74 67. Bilbao.*
Todo tipo de pinturas. También tienen papeles pintados y asesoran sobre suelos de PVC, confección y colocación de visillos, edredones y colchas.

Indice

A

Abrasivos
  primeros materiales
    utilizados como, 11
  tipos de, 32
Acabado de muebles
  antiguos, 140
Acabados clásicos y
  contemporáneos, 70
Acabados de imitación, 6
Aceite, 16
Aceite de amapola, 18
Aceite de cacahuete, 70
Aceite de linaza, 17, 60, 70
  crudo, 70, 96
  hervido, 70
  método de producción, 70
  para esmaltes, 82
  para mejorar la calidad, 82
Aceite de nueces, 18, 60, 70
Aceite de semilla de
  adormidera, 60, 70
Aceite ligeramente secante,
  17
Aceite de oliva, uso inadecuado
  en pintura, 70
Acetato polivinílico, 20
Ácido carbónico, para
  conservar la
    lechada/temple, 80
Acrílico polivinílico/APV, 16,
  34, 66
  para colorear, 34
  para gesso, 92
  para yeso de imprimación,
    62, 63, 64
Agentes colorantes, tipos de,
  34-35
Aglutinante, temple de
  caseína, 16
Aglutinante, tipos de, 34
Aguarrás, 16
Alcohol
  desnaturalizado, 26, 27
  disolvente, simple, 27
  para barnices, 118
  etílico y metílico, mezcla
    de (véase Alcohol
    desnaturalizado)
Antigüedades, restauración
  profesional, 141
APV (véase Acrílico
  polivinílico)
Arena áspera, 126
Arena como abrasivo, 104,
  105
Arrastre, 82, 88
Arriccio, 126
Arte porta, 111
Artistas, Renacimiento
  italiano, 126

Azafrán como colorante de
  barniz, 118

B

Bario, aplicación con esponja,
  103
Barniz, 11, 26, 118, 119
  acrílico, 26, 104, 116, 118
    para usar con yeso, 64
  al aceite de secado lento,
    146
  al agua, 118
    de secado rápido, 146
  al alcohol, 118
  ámbar, 26
  cuarteado, 10, 141, 142,
    146-7
    cómo aplicar el, 146
    materiales y utensilios
      para, 146
  de laca, 9, 118
    aplicación de, 114, 115
    ingredientes básicos, 27
    materiales y utensilios
      para, 115
    para dorado, 114
    para fijar polvos de
      bronce, 104
    para muebles, 119
    de lacar rubio,
      descerado, 27
    tipos de, 114
  transparente sin ceras, 27
  de poliuretano, 102, 103,
    104, 117, 146
  fórmulas tradicionales de,
    118
  marino, 26
  mate, 137
  moderno, 26, 118
  para envejecimiento, 26
  técnicas para aplicar
    correctamente el, 118
  tipos de, 26, 119
Bicromato de potasio, 25
Blanqueado, 15, 32
  sobre gesso, 90, 96
Bolsita con tiza, 104-105
Buon fresco, 126, 129, 130

C

Caja decorada, 22
Cal, 16
  mojada, como protección
    contra bichos y
      bacterias, 120
  muerta, 127
  propiedades de la, 72
  seca, 72

utilizada como
  desinfectante, 60, 72
utilizada como agente
  aglutinante, 126
Candelabro, cómo dorar 99
Capas simples, 68-69
Carbonato de calcio, 126
Carcoma, imitación de, 141
Caseína, 16, 84, 85
  como aglutinante, 84
  como cola, 84
  como fondo para pintar, 84
  como pegamento, 84
  de amonio, 85
    elaboración de la, 84
  de bórax, 85
  de cal, para mezclar, 85
  fabricada comercialmente,
    84
  para dorar, 84
  materiales y utensilios para
    la, 85
  utilizada por los shakers,
    85
  utilizada por los colonos
    americanos, 85
Cepillo de cobre, 121
Cepillos, 31
Cera, 24, 25
  antigua de pino, 24
  de color, 24
  coloreada con pegamento,
    141
  de arce, 24
  de Carnauba, 24
  de parafina, 24
  Japón, 24
  natural, mezclas, 24
  microcristalina, 24
  no orgánica, 24
  para el tratamiento con cal
    sobre madera, 120
  para el tratamiento de
    muebles con cal, 120
  para la cal, 24, 72, 120, 121
  transparente coloreada,
    140
  transparente para la cal con
    pigmento, 120
  uso en la pintura medieval,
    125
  vieja, cómo eliminar la, 32
Cera de abeja, 16, 24
  para tratamiento con cal,
    120
Cerveza, uso para esmaltes al
  agua, 82
Cinta adhesiva, 33
Clavos, aceite de, prevención
  de moho, 69, 131
Cocina rústica encalada, 72

Cola, 6, 32, 66, 67
Cola animal (véase Cola, piel)
  caliente de conejo, 92
  de animal, conservación,
    67
  de caseína, 66, 67
  de conejo, 66, 90, 132
  de mucílago, uso en
    découpage, 112
  de oro, 26, 94, 96, 97, 98,
    104, 107
  de oro, tiempo de secado,
    94
  de perla, 66
  de pescado, 66
  de piel, 16
  de ternera, 66, 67, 132
  Japón de oro, 96
  para gesso, 90
  para sellar, 66
  fórmula para elaborar la,
    67
Color, directorio de colores,
  48-53
  uso y significado, 38-39
Colorantes naturales, 34
Colores coloniales, 53
Colores de tierra, diferencias
  según el medio, 50
Colores federales, 53
Colores victorianos, 53
Colores, mezclas, 54-57
Cómoda tratada con cal, 121
  cómo estarcir y envejecer
    una, 144-145
Conservación de
  lechada/temple, 80
Copal, 26
Cremas para dorar, 97
Cuarteado, 146

D

Decoración de muebles,
  técnicas profesionales, 9
Découpage, 6, 9, 89, 110-
  113
  cómo decorar una bandeja
    con, 113
  fuentes de, 110-111, 153
  materiales y utensilios para,
    112
  uso en paredes, 110
Difuminado, 82
Difuminador de pelo de
  puerco, pincel, 30
Difuminador de pelo de
  tejón, pincel, 30
Diluyentes, 16-7
Diseño
  fuentes de, 125

154

transferir de papel a pared, 125
Disolventes, 16, 17
Dorado, 9
al aceite, 94-103
acabados diferentes de, 88-89
efectos del acabado, 100
materiales y utensilios para, 98
preparación de la superficie, 94
al agua
como un arte, 94
diferencias entre dorado al aceite y al agua, 94
pulimento de, 94
uso en el siglo XVII, 88

E
Encalado, 7, 9, 20, 62, 72-77, 136
blanco, 72
con color, uso en granjas inglesas, 48
con color, 125
elaboración de, 75
en paredes, 76
para crear una atmósfera, 77
pinceles para, 74
ventajas del, 72
Envejecimiento, 10, 88, 142-145
conseguir diferentes efectos con, 142
materiales y utensilios para, 145
pan de oro para, 94
técnicas de, 141
y desgaste, 10, 142-145
Esgrafiado, 64
Esencia de trementina, 15, 17, 18, 60, 70, 116
para esmalte al aceite, 82
Esmalte, 17, 82
acrílico para difuminar, 17, 82
al aceite elaborado en casa, 82
al aceite, 82
técnicas de aplicación, 82
al agua, 82
cuarteado, 140, 141, 142, 148
disperso, 17
para difuminar, 82
tipos de, 82
transparente al aceite, 17, 64
Espátula, 33
Espliego, aceite de, para prevenir el moho, 69, 131
Estarcido, 9, 146
Estropajo de acero, 32, 102, 121

F
Fondos, técnica de arrastre para, 88
Fresco, 6, 18, 84, 126-131, 136
envejecimiento de, 130
habitación pintada al, 127
materiales y utensilios para, 129
pared pintada al, 124, 126
pinceles para, 31
preparación de superficie para, 128
técnica, 128
Frescos italianos, 125

G
Gel de piel de conejo, 67
Gesso, 90-93
Gesso APV, propiedades del, 90-92
acrílico polivinílico (véase Gesso, APV)
aplicación, 93
como base para el dorado al aceite, 94
como base para el dorado al agua, 90
conservación, 90
importancia del, 89
ingredientes para elaborar, 92
material utilizado para colar la mezcla de, 92
pinceles para, 31
preparación, 90-92, 93
superpuesto en figuras decorativas, 92
versatilidad del, 90
Goma arábiga, 16, 23, 148
mezclada con polvos de bronce, 104
Goma, 26, 27
almáciga, 26
como ingrediente en el barniz, 118
damar, 26
de benzoína, 26
elemí, 26
tipos de, 26
Goma laca, 114
de cembra, 27
granate, 114
botones de, 27, 114
Gránulos para pintura a la cola, 132
Gránulos de cola de conejo, 67, 92, 96
Grasa de ballena para la protección de madera, 70
Grasa de cerdo, utilizada para proteger madera, 60, 70
Grisalla, 88, 124
Gouache, 23, 125

H
Hogar, estilos tradicionales de pintar
escandinavo en Estados Unidos, 51
finlandés, 50
holandés, 52
inglés, 50
polaco, 52

I
Imitación de pátina, 10
Imprimación
de aluminio, 33
natural, 33
para imitaciones y reproducciones, 33
tipos de, 33
usos específicos, 15
Indios norteamericanos, 68
Intonacco, 127

J
Jabón en polvo, 32

L
Laca, 6, 9, 114-115
china, 104, 114
de grano, 27
Japón, 94
técnicas occidentales, 114
Lacca povra, 111
Lámina
de aluminio, 94
de cobre, 94
de cola de conejo, 96
de metal, 9, 89, 94
técnica de aplicación, 94
de metal holandés, 94
de oro (véase Pan de oro)
de oro holandés, 94
de plata, 89, 94
aplicación, 98
envejecimiento con, 100
envejecimiento con, 101, 102, 103
holandesa, envejecimiento con, 100, 101
metálica, materiales para envejecimieno de, 98
Láminas sueltas, 94
Lámpara, dorada y envejecida, 99
Lámpara, pintura para, 89
Lápiz de cera, 109
Látex/Vinilo, 15, 17, 20, 34, 72, 148
diferentes acabados, 15
thixotrópico, 15
uso con cola al plástico, 66
Lechada/temple, 15, 20, 21, 60, 62, 66, 78, 80, 136.
al aceite, 80

elaboración de, 78-79
fina, 80
sobre yeso de cal, 134
Lejía para la madera, 32
Línea, tiza, 33
Líneas para la decoración de una mesa, 108

M
Madera teñida, 9
materiales y utensilios para la, 116
preparación para la, 116
y acabada, 116
Manchas de mosca, imitación de, 141
Marco
decorado, 22
desconchado, 149
Mármol de imitación, 88
Marmoleado, 88-89
Masilla
de cal, 72, 126
elaboración, 75
en polvo, 33
preparada, 33
tipos de, 33
Matizar, 82
Médiums, 16-17
acrílico polivinílico/APV, utilizado como cola, 67
polímero de vinilo, 67
Mesa con barniz cuarteado, 146
Metal holandés, 100
envejecido, 101, 102, 103
método de aplicación, 100
método de envejecimiento, 10
Mortero y mano de mortero, 34, 35
Muebles antiguos, imitación de, 10
Muebles desgaste para sugerir envejecimiento, 141
Murales
del Renacimiento, 124
griegos, 124
romanos, 124

N
Nitrato cúprico, 100, 101, 102

O
Oro líquido, 97
Oxidación, 94, 96, 101, 104

P
Paleta internacional, 46-53
Paleta, plato de papel usado como, 104

Pan de oro, 92, 94
Papel de carbón, cómo
  elaborar el, 105
Papeles de lija, 32
Pátina, 19, 140
  efectos de, 137
  de verdete, 150
    falsa, 150
  paredes con, 136-137
Pegamento y cola, 66-67
Pergamino, recortes, 67
Piedra pómez, 32
Pigmentos, 34-35, 41-45
  al cobre, para uso en
    madera, 50
  de tierra, 40-41
    colores de, 40-41
    propiedades de, 40-41
    tipos de, 40-41
    uso en países
      mediterráneos, 49
  dispersados en disolvente,
    34
  distintas propiedades de
    los, 70
  en polvo, 35
  medidas para, 34
  mediterráneos, 49
  método egipcio de mezclar,
    44
  mezclados con ron, 134
  minerales, 42-43
    colores de, 42-43
    propiedades de, 42-43
    tipos de, 42-43
  molidos, 61
  para fresco, 26
  pintura mezclada con, 35
  propiedades de, 34-35
  resistentes a la cal, 127,
    129
  tradicionales como base de
    colores modernos, 54
Pigmentos vegetales, 44-45
  colores de, 44-45
  propiedades de, 44-45
  tipos de, 44-45
Pinceles, brochas y cepillos,
  28-31
Pinceles abanico
  de ardilla, 31
  de cerda, 31
  de pelo de tejón, 31
  con virola de cobre, 30
  chiqueter, 30
  de alambre, 29
  de artista, 30
Pinceles de cerda, 29-31
  americanos, 29
  británicos, 29
  de puerco, 30
  para arrastre, 30
  para vetear, 30
  de marta cibelina, 104
  de pelo de ardilla, 30-31
  de pelo de mangosta, 30

de pelo de turón para
  trazar líneas, 31
de pelo sintético, 30
de pluma de oca, 30
de púas para motear, 30
europeo, 29
para alisar, 97
para arrastre, 28
para cera, trabajo delicado, 31
para decoración, 30
para estarcidos, 30
para fresco, 31
para gesso, 92, 96
para imprimación, 29
para látex/vinilo, 28
para lechada/temple y
  encalado, 28
para pegamento, 31
para pintar al aceite, 29
para pulir trabajos
  delicados, 31
para puntear, 31, 82
para quitar polvo, 29
para trazado de líneas, 31,
  109
pulidor con aplique para
  taladro, 31
tipos de, 28-31
Pino natural, moda del, 140
Pintado
  a la cola, 132-135
    materiales y utensilios
      para, 133
  monocromático, detalles
    arquitectónicos con, 124
Pintura
  a la cola, 9, 132-135
  diseños para, 134-135
  elaboración de, 133
  en edificios medievales,
    132
  materiales y utensilios para
    la, 79
  acrílica, 23, 34
  al aceite, 11, 18-19, 22, 34,
    60
    como base para dorado, 94
    cómo colorear, 34
    de linaza, 15
    propiedades de, 18-19
    tipos de, 18-19
  al agua, 11, 20-21, 34, 64
  al óleo en el trazado de
    líneas, 108
  brillante comercial, 54
  cocida finlandesa, 20
  de acuarela, 23
  de brillo natural, 19
  de caseína, 20, 127
  de dos envases, 15, 19
  de esmalte, 18
  de imprimación, 33
  de leche, 11, 74
    elaboración de, 68-69
    utilizada por los colonos
      americanos, 60

de metal, 18
de paredes comerciales, 54
de plomo, 19
  de calidad duradera, 19
  toxicidad de, 61
desconchada, 148-149
  materiales y utensilios
    para, 148
diferentes acabados de, 15
en spray, uso en
  preparación para
  dorado, 94
encáustica, 16
Japón, 18, 94
mate al aceite, 19
moderna al aceite,
  diferentes acabados, 15
muy brillante, 61, 70
para exteriores, 19
para imitaciones y
  reproducciones, 20, 21
para radiadores (véase
  Pintura resistente al calor)
para suelos, 18
pre-mezclada, 35
propiedades de la, 20-21
reglas de aplicación, 11
resistentes al calor, 11, 18
tipos de, 20-21
materiales para colar, 70
mezclas, 34-35
  con barniz para crear
    consistencia, 109
  materiales y utensilios, 34
restauración para muebles
  antiguos, 140
toxicidad al lijar, 32
satinada, 19, 82, 94-96
  como base de un esmalte,
    82
  como base del dorado al
    aceite, 94, 96
  sobre yeso, 63
sencilla al aceite, 70-71
  cómo fabricarla, 70
  materiales para, 70
  técnicas clásicas de, 6
Pinturas de artista, 22-23, 34
Pinturas semimates de látex,
  21
Plumilla, 23
Polímeros acrílicos, 20
Polvos
  abrillantadores, 62, 96
  de bronce, 9, 89, 96, 104-
    107, 137, 150
  aplicación de, 105-107
  diseño de esquina, 107
  fijar, 104
  materiales y utensilios para,
    104
  motivos, 104
Polvos metálicos mates, 97
Preparación, 32-33
Proceso de amontonar, 61
Proveedores especializados, 11

Prueba de colo, 34
Pulimento
  francés, 119
  negro, 27

R
Ragging, 6, 137
Raqueta, 33
Resina, 26-27
  colofonia, 15
  damar, uso en barniz, 118
  orishi, 88, 114
  para barniz, 9, 118
  solubles en alcohol etílico,
    26
  solubles en esencia de
    trementina, 26
Rodillo para pintura, 28

S
Sándalo, 26
Sandáraca en barniz, 118
Secante de terebeno, 17
Secantes, 17, 60
  uso con esmaltes, 82
Secco, 84
Sellador, madera, 33
Sellar madera, 33
Shaker
  caja con pintura
    desconchada, 148
  diseños, 141
  imitaciones, 141
Sistema simple de pintar, 11
Soluciones químicas, uso de,
  94-95
Suelos barnizados, 118
Sulfuro de potasio, 98-99,
  103
  uso, 103
Sulfuro de sodio, 102
Superficies, preparación de,
  32-3

T
Tablero de dibujo decorado,
  23
Techo pintado según la
  tradición medieval, 125
Técnica de transferir, 94
Técnicas para imitar
  desconchado, 137
  para imitar antigüedad,
    140
Témpera (véase Temple), 22
Temple (véase
  Lechada/temple)
Temple al huevo, 11, 125,
  127, 131
  elaboración del, 131
Tierra arcillosa fina, 90
Tierra de batán, 32

Tintes, 35
  al agua, 25, 117
  al alcohol, 25, 116
  color natural, 20
  para madera, 24-25, 116-117
  al agua, 117
  al agua métodos
      tradicionales, 117
  diseños para, 117
  tipos de, 116
Tintes universales, 34
Tiralíneas de espada de pelo
  de ardilla, 31
  de tiza, 33

Trampantojo (véase Trompe
  l'oeil)
Trapo adherente para quitar
  polvo, 32
Tratamiento con cal, 9, 120-
  121
Trazado de líneas, 108-109
  diseños de esquinas, 109
  material y utensilios para,
      109
  pinceles utilizados en, 108
  técnicas para, 109
Trípoli, 32
Trompe l'oeil, 124, 137

U
Utensilios
  para pintar, tipos de, 28-31
  para preparar superficies,
      32-3
  para vetear, 30

V
Verdete, 10, 150-151
  elaboración de, 50, 52
Vetear, 89, 82, 83, 116
Vinagre, como anti-moho
  para la cola, 132
Vinilo (véase Látex)

Y
Yema de huevo, 16, 131
Yeso, 15, 62-65
  agrietado, masilla para, 32
  aplicación de, 63-65
  cambiar colores sobre, 64
  capas de, 64
  de cal, 63
  disponibilidad de colores,
      63
  envejecido, 63
  materiales y utensilios para,
      62
  propiedades del, 62-64

Agradecimientos y reconocimientos

La tarea de escribir este libro ha sido increíblemente ardua y provechosa. Nos ha llevado a conocer a muchísima gente cuya experiencia, consejo y apoyo nos han sido muy valiosos. En particular, nos gustaría agradecer a los artistas y decoradores profesionales en cuyas indicaciones hemos basado varias secciones del libro. Éstos son:

Serena Chaplin (**Gesso** y **Laca**) da clases de dorado y de lacado, 32 Elsynge Road, London, SW18. Tel.: 081 870 9455.

David Cutmore (**Pintura a la cola**) es un artista de paredes y tapices de tradición medieval. River Hole Cottage, Patridge Lane, Wadhurst, East Sussex, TNS 6LB. Tel.: 0892 782543.

Tennille Dix-Amzallag (**Dorado al aceite** y **Découpage**) hace dorado decorativo y découpage sobre objetos pequeños. 21 Gilston Road, London, SW10. Tel.: 071 351 0059.

Peter Hood (**Pintura a la cola** y **Pintura sencilla al aceite**) es consultor y diseñador-inspector de edificios antiguos y de materiales históricos. Old Lodge, Brigstock Parks, Northants, NN14 3NA. Tel.: 0536 373439.

Fleur Kelly (**Fresco**) es un pintor de frescos y trabaja con temple al huevo. 33 Northampton Street, Bath, BA1 2SW. Tel.: 0225 330002.

Thomas Lane (**Tintes para madera**) pinta, tiñe y barniza suelos, además de otros trabajos de interiores. 57 Wellington Row, London E2 7BB. Tel.: 071 729 6195.

François Lavenir (**Polvos de bronce** y **Trazado de líneas**) es una artista profesional de la decoración. 13 Crescent Place, London, SW3. Tel.: 071 581 1083.

Andrew Townsend (**Encalado**) es un restaurador arquitectónico. Marlborough House, 2 Bromsgrove, Faringdon, Oxon, SN7 7JG. Tel.: 0367 242639.

Debemos un agradecimiento muy especial a Cornelissens, Linova Natural Paints, Patrick Baty de Paper and Paints, Ltd, y Stuart Stevenson, por su arrolladora generosidad en proporcionarnos material e información.

También nos gustaría agradecer a Margaret Balardie por sus entusiastas e inapreciables instrucciones sobre el lacado. Sally Hughes por el espléndido trabajo caligráfico en el espejo y el tablero de dibujo, Jane Steele por la preciosa bandeja decorada y Joanna Walker por abrir un hueco en una apretada agenda y pintarnos la mesa envejecida con el tema del sol.

Nuestro más profundo agradecimiento, asimismo, a la condesa Monika Apponyi, a Margaret Bradham, y a Margaret y Andrew Townsend, quienes nos permitieron fotografiar sus casas; y a Auro Paints, Brome and Schimmer, Joris Arts of Patino, Livos Paints, Milners Paints, John Myland Ltd, Putnams Mediterranean Paints y Whistler Brushes (Lewis Ward and Co.), por su generosidad en proporcionarnos material.

Muchos otros sacrificaron su tiempo para recibirnos, incluyendo a los Bevans, Eri Heilijgers, Geoffrey Lamb, Annie le Painter, Val Maclay, Patricia Monahan, Graham Moss, Maggie Philo y Ellen Young.

Un libro de este tipo sólo puede llevarse a cabo con la participación de todo un equipo. En nuestro caso debemos a Geoff Dann la magnífica fotografía y a Steven Wooster el artístico y creativo diseño. Gracias de todo corazón a Linda Doeser por ordenar y editar nuestros caóticos textos y por ser tan paciente y agradable con nosotras. Finalmente, nuestra gratitud a Colin Ziegler por su entusiasmo y emprendimiento cuando nuestras energías flaqueaban.

Con la excepción de las abajo mencionadas, todas las fotografías de este libro son obra de Geoff Dann para Collins & Brown Limited.

Architectural Association/Richard Glover: 48 abajo izquierda, abajo centro y abajo derecha. Bolton Museum and Art Gallery: 83. Christie's Images: 111. Edifice/Darley: 48 arriba, 50 abajo izquieda, 53 arriba. Edifice/Jackson: 60 abajo derecha. Edifice/Lewis: 19 arriba derecha, 50 arriba, 51 arriba izquierda. Edifice/RyleHodges: 110. Ian Howes: 39 abajo izquierda, 51 arriba derecha, 53 abajo. Zara Huddleston: 38 arriba, 49 arriba y abajo, 52 abajo, 141 abajo izquierda. Fleur Kelly: 124 arriba derecha. Thomas Lane: 118 abajo derecha y abajo izquierda. Livos: 15 arriba izquierda. Zul Mukhida: 52 arriba. Uulatuote Oy: 50 abajo derecha. Ian Parry/Traditional Homes: 132. Sikkens Paint Museum: 2, 14 abajo, 60 arriba derecha. John Ferro Sims: 51 abajo. Rob van Maanen: 61 abajo izquierda. Ruud Velthuis Reklame: 60 arriba derecha. Elizabeth Whiting Associates: 119 arriba. Jerry Williams/Traditional Homes: 125 arriba y arriba izquierda.